成均论语

成均论语

초판 1쇄 인쇄 2022년 2월 4일
초판 1쇄 발행 2022년 2월 11일

지은이 高在锡 李天承
펴낸이 신동렬
책임편집 신철호
외주디자인 아베끄

펴낸곳 성균관대학교 출판부
등록 1975년 5월 21일 제1975-9호
주소 03063 서울특별시 종로구 성균관로 25-2
대표전화 02)760-1253~4
팩시밀리 02)762-7452
홈페이지 press.skku.edu

ISBN 979-11-5550-520-5 03150

※ 이 책의 인세는 전액 인성교육을 위한 재원으로 사용됩니다.

中文版

論語

成均论语

高在锡　李天承

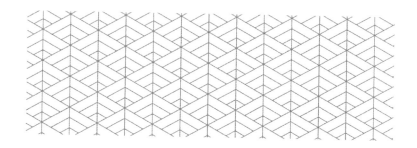

성균관대학교
출판부

看待世界的另一扇"窗"

一、立足《论语》变化的中心

常言道"不合时宜"，意为不分场合和时间，正如炎热夏天穿着羽绒服一样，一意孤行，生活于自我观念之中，这是用来比喻不能够感知新的变化，固守陈规的人。

变化的开始往往是微妙的，很难觉察。《周易》将春天之始表现为复卦。我们通常将世界充满冰冷气息的冬至日，即地层深处阳气开始增加的时刻称为春天之始。立春之时，冰雪融化，春暖花开，与以往相比发生了巨大的变化，所以我们可以很容易感知到春天来了。因此，《周易》中说道："知几者，其神乎"。

相反，在短道速滑那样高速进行的状况下，变化通常是无法应对的。因为变化太快往往会出错误的选择。瞬间的选择是没有改变的余地的，而这一选择可能会成为决定胜负的关键。在竞争激烈的商场上，如果不能适当地应对变化，就可能导致破产。柯达用便携式相机改变了全世界人们的日常生活，它虽然研发出了世界上最早的数码相机，但却未能预测到急剧变化的数字化时代的到来，最终丧失了享誉130年的"胶卷名家"尊荣。

如果能够得知变化的微妙征兆，提前应对变化，就可以重新主导时代。苹果在向世界展示iPhone之前，并没有制作手机的经验，但是iPhone上市后，智能手机却改变了人类的生活。

19世纪末20世纪，东亚在世纪末的变化中站在了剧变和挫折的历史中心。在西方列强的压迫下无力反击的东亚知识分子们抛弃固有的思想和文化，进行了彻底地自我革新。理性、合理、自由、科学等近代价值成为了为生活带来意义和幸福的方案和对策，也是走向新世界的窗口。

已经进入21世纪第4次产业革命时期的当下，要求我们积极寻求应对心灵和身体、自我和他人、人类和自然、宗教和人类、科学技术和伦理等各种问题的解决办法。"东方主义"观点在东方人的意识中重新诞生，自我否定和贬低、盲目追赶西方的风气早已过时。

国家和企业为了寻找新的道路，正在积极应对现实，探讨未来方向。他们意识到熟悉的方式已无法继续，因而正被讨论是寻求熟悉道路与新道路的协调还是干脆另辟新径。若无法认识变化的征兆并采取适应的措施，就会被淘汰。

新型冠状病毒肺炎流行这一剧变就像短道速滑的快速变化一样，迫切要求我们提出新标准，要求我们从根本上改变现有的价值标准，建立符合新标准的思维方式。

数千年来，东西方的先贤们一直在探索和思考如何成为特定时空下的理想人类。如同登上山顶的路有很许多条一样，认为只有唯一且绝对的一条路的偏见是十分危险的。虽说在某个时刻、某一空间里，有一条路对某个人而言可能是有意义的，但却不能认为它在所有的时间和所有的空间里对所有的人都能普遍适用。我们需明确理解一条路的特性，当然对于其他道路的特性也要采取理解和包容的态度，选择既尊重不同，又追求和谐的和平方式。

从这一方面来看，东方古典《论语》的思维作为数千年来东亚思维的不竭源泉，可以为生活在当今的我们提供另一种宝贵的智慧。它为东亚，特别是给韩国绘制的价值地图提供了另外一种认识世界的新途径，即肯定人类的自律性，按照时中的原则将内心付诸实践，并以温暖善良之心看待世界。

明确《论语》中所规定的"人"的概念，讨论寻找人类道路的方法，并不是被自己文化中心所束缚的狭隘态度。不同于20世纪，生活在21世纪的我们有必要以公正的姿态理解先前所忽视的自身的思想文化，以自我为中心进行思考并认识世界，通过与其他思想文化的融合实现新的创造。

二、理解东亚思维之窗
—— 核心古典《论语》

《论语》有云："以文会友。"语言是表达内心的手段，虽然凭借语言可以充分地与在同一时间和空间中的人产生心灵的共鸣，但语言却无法超越时间和空间的限制，只有借助记录语言的文章才能超越时空，与志同道合的朋友以心相见，产生共鸣。这是因为文章具有扩散的力量。在过去两千五百多年的时间里，孔子的确成为了许多人的楷模和心灵上的朋友。孔子亲自教授的弟子颜渊就像珍藏初恋送的礼物一样铭记并实践老师所说的话。子贡也是把孔子的忠告写在大带子上，时刻警示自己。孟子虽然没能直接听到孔子的话，但他熟谙孔子的教导并自负继承了道统。荀子也自负通过学习和礼治等实现和谐社会是对孔子思想精髓的继承。400多年后出生的司马迁为了感受孔子的旨趣，不仅亲自去了孔子居住的曲阜，还将《论语》中所记载的孔子的对话按时期进行编排，把孔子的传记收录在记录诸侯事迹的《世家》中。南宋的朱子综合了先贤们的注释和自己的观点，著述了《论语集注》。退溪、栗谷、河谷和茶山等韩国先贤也为了追求圣学而付出了一生的努力。

孔子眼中的窗户也曾被暂时搁置、损毁。但经过数千年的时间空白和数万里的空间间隔，仍然被东西方的很多人重新解释。这之所以成为可能是因为孔子梦想的世界以文字的形式完好地保存在了《论语》之中。

《论语》一书记录了孔子及其弟子的言行。关于其编者，有人主张是由子贡、子路、子夏等高徒主导编纂的；另外，也有人认为，因为唯独只给曾参和有若添加了尊称，称为曾子、有子，所以《论语》是由曾子及其门人、有子及其门人编纂的。

关于"论语"这一书名的释义也多种多样。黄干解释道，"论"与人所当遵守之道理"伦"是通用的，"语"包含着叙述的意思，所以《论语》是一本记录了蕴含丰富价值之言行的书。此外，"论"还具有讨论的意义，所以也认为《论语》是弟子们充分讨论各自记忆中孔子的言行，经大家同意后进行编纂的。相反，班固则主张"论"是"论纂"的意思，因此是孔子死后弟子和后学们收集孔子及弟子们的言行而编写的。但实际上,《论语》并不是就一个主题或体系一目了然地提出自身主张的,篇名也与主题无关,以除了第一句"子曰"外的两三个字命名。另外,很久以前《论语》就卷入了真伪之争。文人称孔子为"夫子",且文体有很大的不同,历史事实也有可疑之处,因此,也有人怀疑其并不是孔子的话,而是后人借孔子的权威写下的自己的话。截止到汉以前,还存在着《鲁论》、《古论》等其他版本。近来,随着敦煌遗书、郭店楚简及竹简本《论语》等的出土,关于《论语》真伪的争论仍在进行中。

无论如何,由于《论语》是以一种非常含蓄、诗意的语言记录下来的,所以很难得知此书到底是出于何时、何种脉络之下完成的。但有人说,如果六经是大海和山,那么《论语》则是漂泊在大海的船,也是登上山顶的台阶。《论语》虽然并非是出于一人之手或者局限于某一个时期编纂完成的,但其作为理解孔子眼中之"窗"的核心古典是确定无疑的。

三、理解《论语》的框架
—— 仁义礼智

在本书中，我们将以"仁义礼智"这一概念框架进行分析，进而说明东亚价值所描绘的世界的本质。仁、义、礼、智这一分析框架是孟子为了对孔子思想核心进行重新解释而提出的。孟子认为，通过恻隐之心、羞恶之心、辞让之心、是非之心可以确认善之萌芽。孔子将此称为"仁"。

第一部"仁：遇见人"，考察了万物一体基础上的人的意义。《论语》记录了人要想活出人的模样应该怎么做。在社会关系中，"你"是和我联系的"他"。因此，不管何时，实践都是从我逐渐扩大到你，进而使我们每个人都活出人该有的模样。实现人类和自然和谐相处也是仁的实践领域。因此，第一部的内容是由仁的意义、仁之始—孝、还有社会关系和生态系统等角度，以及不断扩大仁的实践等内容组成。

第二部"义：行义"探索了在无限竞争的时代，仁爱基础上的正义意味着什么。义是我们心中的秤和方向舵，是对个人行为的标准，同时也是判断社会利害关系的标尺。第二部通过《论语》的世界展示了正义在政治和经济领域是如何作用的。

第三部"礼：确立文化"，考察了人与人相处过程中关怀他人、追求和谐的行动方式—礼。谈到礼，很容易被认为是遏制思考和行动的繁琐程序。但是人不能独自生活，人是在与他人的共处中生活的。所谓礼，简而言之，就是社会关系的导航仪。第三部就礼的本质和形式、礼乐的日常化以及贯穿人一生的冠婚丧葬之礼进行了考察。

在第四部"智：沉迷于学习"中，我们探讨了能够让生活丰富、幸福的追求真正智慧的学习，而非为了成功而追求知识的无趣学习。孔子及其弟子的"学问共同体"的生活，生动描绘了学习的喜悦和学习的乐趣，尤其向我们展示了实现融合、复合教育的孔子的教室与应试教育截然不同的学习场面。

四、同心的希望，伴随日常的《论语》

《周易》言道："二人同心，其利断金。"在下定决心要成为帮助大家理解《论语》，即指明为己之学前进道路旅程中的指路灯时，笔者反复想到了这句话。最初在编写此书时，与其他学者多次见面交流并交换了意见。大家同心协力合作，一起度过了愉快的时光，也进一步明确了常言所道的两个比一个强，三个比两个强。

在读完《论语》后，每个人的反应应该各不相同。有些人认为它是一本记录具有教育意义内容的伦理书，也有人没有任何感悟和兴趣。也有些人读了之后，感觉其间一两句心领神会，感慨颇深，而将其写在桌子上作为警句。另外，还有人在某个瞬间不由自主地手舞足蹈。

希望《论语》能够被安放在桌子的一角，也希望它能够为生活的种种提供好的警句。这种希望是对看待世界的另一窗口的关心和共鸣的期待，也希望在此时此地便感受到自己的意义，并分享与世界上所有的存在和谐相处的幸福。

2022. 1. 20.

高在锡　李天承

第二部　义：行义

第三部 礼：确立文化

第五章 学礼才能生存

第六章 贯通生与死的"礼"文化

第四部　智：沉迷于学习

第七章　寻找智慧之路

第八章　学习之路

第一部

仁

——遇见人

第一章

要做一个真正的人

己所不欲，勿施于人。(《论语·颜渊》)

一、对于人的关心

现今我们正享受着过去无法比拟的丰富的物质与高水平的文化生活。但同时，竞争却取代了人与人之间的关心和交流，由此而生的痛苦日益加深，幸福的满足度也随之减少。与其他OECD国家相比，现在韩国人的幸福指数属后半段，这反映出人们在日益激烈的竞争中感到更加不安的现实状况。有句话说："和被追赶的第一名比起来，从容悠闲的第二名更好。"挥之不去的，是只要稍有不慎而落后，就连现状都无法维持的忧虑，这是一刻也无法放松的紧张感、竞争以及人与人关系隔绝的延续。

在物质文明高度发达的背后，人与人之间的隔绝和由此而产生的问题，难道没有任何解决的办法吗？两千五百年前，人类的生活中也有许许多多的问题，那时有一个人主张所谓的美德就是人与人之间关系的恢复，而这个人就是孔子。透过孔子，也许我们能触碰到这个时代问题的核心。

二、与"仁"共生

(一) 老师!"仁"是什么呢?

在字典中，"仁"最具代表性的意思为"仁慈、善良"，此外"仁"也有着爱情、同情、亲爱、人心、恻隐等意思，有时"仁"也指人。故拥有宽厚、善良、智慧和高尚之心者被指称为"仁"。

但《论语》里所记述的"仁"是无法只用一句话来说明的。《论语》中讲到，在家中对父母尽孝，在外面恭敬地对待年长者，即实践"仁"之根本；《论语》中还提到，帮助朋友也是"仁"；有时品格刚强坚韧、质朴不善言也近乎"仁"；还有，广泛学习，诚挚地立志于学，恳切地提问并关心周遭事物的学习态度也为"仁"。

对于弟子们关于"仁"的提问，孔子在不同的情况下也做出了不同的回答：

子曰："爱人。"(《论语·颜渊》)

子曰："己所不欲，勿施于人。"（《论语·颜渊》）

子曰："人而不仁，如礼何？人而不仁，如乐何？"（《论语·八佾》）

子曰："克己复礼为仁。一日克己复礼，天下归仁焉。为仁由己，而由人乎哉？"（《论语·颜渊》）

子曰："唯仁者，能好人，能恶人。"（《论语·里仁》）

孔子对于"仁"相关的言谈是相当多样的，这是因为孔子并非不顾现状的书呆子。孔子在30岁后以学者的身分而闻名，许多弟子蜂拥而至。孔子在30多岁时拜访齐王，齐王也给予了孔子发表政治见解的机会。齐景公与孔子见面后，虽有意重用孔子，可惜中途受阻，最后徒劳无功。二年后，回到鲁国的孔子专心致力于教导弟子。之后，孔子成为中都宰，接着担任了相当于建设部长的司空以及相当于法务部长的大司寇。孔子在外交上的能力也相当出众，他收回了被齐国夺走的土地，使国家恢复安定。但之后孔子不得不离开鲁国，这就是孔子周游天下之开端。漫长的岁月中，孔子周游列国，与许多君主和各式各样的人们见面，途中也遭遇到不少困难与艰辛，虽然如此，仍有许多弟子愿意追随他。孔子一生比任何人都更加丰富多彩，故其应对生活的方式及对"仁"的看法是无法只透过一句话来断定的。我们应该深入孔子的生活，以此来贴近孔子所追求的人皆如人一样的世界。

（二）应择之路

人的一生只有一次，弥足珍贵，因此无论谁都希望有价值地活着。《大学》中提到："自天子以至于庶民，一是皆以修身为本。"通过修身，人可以有价值地活着，从而成为一个真正的人。但每个人所认可的价值是不同的，因此不能以同一标准来衡量。在无法挣脱的日常中，比起挫折、艰难的生活，更应向着更大的目标前进，朝着前方全力迈进。

下来时看到
上去时没看到的
那花！

诗人高银的这首《那花》很短。虽短，但韵味无穷。常言说"人生不是速度，而是方向"，然而我们常常不仅丢失了方向和目标，就连近在眼前的美也无法察觉。因为追求速度，尽快达到目的地才是最重要的。气喘吁吁地往上爬，因害怕落后而无法欣赏周边的美景。盲目地跟随他人，追求的不是自己真正想要的，所以更加不安，因此无法看到正在脚下绽放的美丽的花朵。

孔子15岁有志于学。他拥有相当清楚的目标意识，而这正是"仁"。在这混乱的世界，无论是统治者或是百姓，都没有彻底扮演好自己的角色。此与孔子长时间学习了解的尧、舜、禹、汤、文、武、周公所治理的世界是不同的。君主照顾百姓的生活，百姓亦为君主的健康与愉悦而感到快乐；君主把百姓看作自己的孩子，百姓也把君主看作自己的父母，他们的心是一体的。这样的世界已存在相当长的时间了。你我成为一体的世界，成为"我们"的世界，这就是"仁"。"仁"源于人们相信人的心中蕴含着"天心"，孔子的"仁"中就蕴藏着这种热切的期盼：整个世界是用激励与关怀而不是竞争来协调，在这个世界之中，追求的是方向而不是速度。

子曰："志士仁人，无求生以害仁，有杀身以成仁。"（《论语·卫灵公》）

唯有志士与仁人才能不被现实中的利害关系所动摇。安重根义士及柳宽顺烈士皆是如此。人无法离开水与火而生活，但是比水与火更重要的是"仁"，因为"仁"是人的一生中不可或缺的存在。

(三) 善心的种子

孔子虽然热切地期望实现"仁"的世界，但现实的世界仍然杂乱无章。孔子希望实现和谐而有序的世界，而且一直努力促使这一希望生根发芽，为此需要更为深入地洞察人心。"克己复礼为仁，一日克己复礼，天下归仁焉。为仁由己，而由人乎哉?"这是颜渊在问"仁"的时候所得到的回答。即我一人行仁，则天下皆归于仁。孟子继承了这一思想，他强调恻隐之心，即孔子所谓的"爱人"。

孟子确信，如同看见快要掉进井里的孩子就会自然地跑去救他一样，我们的道德心是天然而内在的。对于人来说，内在形成的道德心就是"四端"，即四种道德的端芽。这是关于人类内心世界的重大发现。可怜、悲切、怜悯，即恻隐之心；对于自己的错误感到不好意思，厌恶别人的谎言，即羞恶之心；兄弟间相互礼让，即辞让之心；透过道德来判断对错，即是非之心。孟子体悟出道德心乃为人之本，此为"仁"之具体化。

孟子不从外部的力量、规矩或习惯中寻找道德的起源，而认为道德的本质源于自己的内心。人比其他生物更珍贵的理由，在于人类的道德之心拥有可以持续扩大的可能性。现实世界中充满纷争与对立，但只要回归到最原始的心，就不会相互断绝与分离。我们不忍看到别人痛苦，这是因为我们自己心里也会感同身受，所以会有想要帮助别人的心。不仅如此，当听到动物因受虐而哭时，我也会哭，一想到它们的害怕，我也会跟着颤抖；当看到自然环境被破坏，就如同我自己也被破坏一般不忍。这是因为我们与它们是一体的，我们一同分享着同样的感情。从"仁"的立场来看，正如同人与人是一体的，万物与人也同为一体。

有两棵竹子，但仔细观察却发现两棵竹子的根是连在一起的。那这到底是一棵竹子，还是两棵呢？以根来看，他们是一棵竹子。因为根是相连的关系，所以只要其中一棵竹子生病，另一棵竹子也会跟着生病。万物皆如此，与人类并没有太大的差别，皆为一体。也因为根相连，所以才能与世界交流、沟通，而其中最根本的根基即为"仁"。

三、追寻"人"之世界

（一）理想生活之两翼 —— "忠"与"恕"

对生活中的每件事情都保持一贯的态度是一件非常不容易的事。就如同诗人所说："世上哪有未经摇曳就绽放的花朵呢？"（都钟焕）世上所有的花都需要在风雨中生根发芽。人类的生活也是如此，唯有不停地迎接着风雨，才能树立起我们自己的标杆。

孔子曾经对曾子说："吾道一以贯之。"在孔子的弟子中，曾子年纪虽小，但一直默默地学习，是非常勤奋的学生。曾子马上理解了老师的想法，并毫不犹豫地回答了"是"。孔子离开后，在座的弟子们问道："这是什么意思呢？"曾子回答道：

"夫子之道，忠恕而已矣。"（《论语·里仁》）

对于曾子而言，夫子始终将"忠""恕"贯彻于生活之中。"中""心"为"忠"，其意在竭尽自己的真心。"恕"则是"如""心"，即我的内心与他人的内心相同。"忠"的体现即为"恕"。"忠""恕"很好地体现出孔子追求仁的决心。尤其因为"忠"是在处理事情时不违背、尽全力的真心，所以在传统社会中也意指对于君王及国家的忠诚。因为没有任何私心掺杂其中，所以忠心不会违背周遭的事物。于己而言，此心是没有尽头的。从自己的周边开始扩充此心，去理解及体谅他人的痛苦，即为"恕"之扩充（推己及人）。换句话说，内心中真实、真挚的心并不是自己所独有的，而是人皆拥有的，这就是所谓的"忠"和"恕"。

孔子那些具有代表性的弟子皆拥有独特的个性及各自的优点。其中，子贡在口才、外交、做生意方面拥有相当优越的才能。子贡深知"仁"的重要性，他有着追求"仁"的远大抱负。子贡曾言："如有博施于民而能济众，何如？可谓仁乎?"(《论语·雍也》)，夫子听到子贡的疑问略微迟疑了一下回答说，想要救济所有的百姓是连圣人们也会感到力不从心的目标。像这样过大的目标是不可能一蹴而就的，故孔子向子贡提出了行"仁"的切近之方：

　　"夫仁者，己欲立而立人，己欲达而达人。能近取譬，可谓人之方也已。"(《论语·雍也》)

孔子从不好高骛远，而是只在与自己相关的日常中探寻实现仁的方法。如同自己想要处于社会中的高位一般，别人也是如此；就像自己想要成为有钱人一样，别人也是如此，所以不要想着自己独吞，而是要为了能一起成功而互相帮助。《论语》中，"忠"和"恕"的丰富内涵通过许多不同的方式得以体现出来：

　　子曰："出门如见大宾，使民如承大祭，己所不欲，勿

施于人，在邦无怨，在家无怨。"(《论语·颜渊》)

习惯为人的第二天性。儒学教导我们要从小开始好好地整顿周边的事物，不怠慢他人，并把诚实内化为习惯，熟悉洒扫应对的礼节。孔子强调对待任何人都要像接待重要的客人一般，且要如同祭祀一般对对方表示尊重。要静下心来，以己所不欲，勿施于人的"恕"的精神来照顾他人。但是照顾别人是相当不容易的，也因此孔子以"恕"作为了子贡终身践履的座右铭：

子贡问曰："有一言而可以终身行之者乎？"子曰："其恕乎！己所不欲，勿施于人。"(《论语·卫灵公》)

表现忠诚内心的"忠"与照顾、关怀他人的"恕"是理想生活的两大轴心，"忠""恕"是通过忠诚之心来守护自身容易散乱的心，并把此种心向周边扩充。"忠""恕"是与正大光明、毫不畏缩且能怀抱天下的"浩然之气"相通的精神。

(二) 这样与父母相遇吧

1、读懂父母的心

理解父母并让他们开心，这就是孝道。但这并不容易。原因是父母不会轻易地袒露自己的心思。想知道父母心思的话，平时需要好好观察父母喜欢什么，对什么感到开心。周朝时的歌谣中就有出现关于孝子的内容：老莱子在七十岁的时候，还在百岁的父母面前穿着色彩斑斓的五彩衣玩耍，又故意跌倒，假装像个孩子一样地哭闹，以此来逗父母开心。（《二十四孝图》）我们即使做不到那样的程度，最少也要知道父母的期望与喜好。

向曾子学习孝的方法吧。曾子不愧是孝子，尽心尽力地侍奉年迈的父母。虽然家境并不富裕，但每逢吃饭的时候，必定有酒有肉。并在父亲吃完饭之后问他："酒和肉有想给的人吗？"父亲如果问道是否有剩余的饭菜，即使没有曾子也一定回答"有"，这是因为曾子知道父亲想和隔壁朋友分享。

父亲去世后，曾子也得到了子女的奉养。平时曾子的儿子也会准备酒和肉，但曾子的儿子直到曾子吃完饭为止，什么都没有问。曾子也想和隔壁朋友分享酒和肉，忍耐再三还是问了儿子有没有剩下的酒和肉，然而曾子的儿子即使有剩下酒和肉，也会回答说没有，这是为了可以再次送上酒和肉给自己的父亲。

两人之间的差别是什么呢？曾子理解父亲的心思，但曾子的儿子不理解曾子。曾子的儿子在父亲身上，只学到了孝道的形式，并没有学到内容。曾子是因为父亲喜欢酒和肉才送上，但曾子的儿子是因为模仿曾子做过的行为才送上。曾子理解父亲的心思，并做了父亲所期望的。但是曾子的儿子并没有观察曾子的心思，只苦恼该怎么准备酒和肉。

曾子和他儿子在物质奉养上并没有区别，但奉养的心态完全不一样，差别也就在精神上的奉养。曾子侍奉父母的方法是"奉养父母的意志"，称为"养志"，曾子儿子的方法是"只奉养父母的身体"，称为"养口体"。站在子女的立场上，无论什么都想要给父母，但那是不是父母真正想要或喜欢的，则需好好观察。不能自己认为是好的、那个年龄会喜欢的，就认为自己的父母也会喜欢，很可能父母会不喜欢甚至讨厌。

像这样，两个人行动不同的根源在于有没有尊敬的心。曾子怀着尊敬和理解父母的心思，观察而后行动。相反的，他的儿子只在物质上供养父母，所以只会送上酒和肉。

孔子的弟子中，子游和曾子的儿子很像。孔子在子游问有关于孝的问题时，以非常激昂的语调说道：

今之孝者，是谓能养。至于犬马，皆能有养，不敬，何以别乎？（《论语·为政》）

首先需要尊敬的心，没有尊敬的心，仅仅供养父母食物的话，那就和喂狗或马饲料一般，没有任何差别。子游大概是给了父母很多生活费，也经常买食物给父母，却并没有怀着尊敬的心。真正的孝道是怀着一颗尊敬的心去奉养父母。

2、忠实于你的人生

孝道的第一步是什么？首先是让父母以我为骄傲，认为我是孝子。如果别人称赞你是孝子，但父母不这么认为的话，那就是欺骗别人的虚假孝道。孔子的弟子中唯一一个被称赞为孝子的人物，是闵子骞。

孝哉，闵子骞！人不间于其父母昆弟之言。（《论语·先进》）

父母是比谁都想要炫耀自己的孩子的。即使对孩子有不满意的地方，也会向别人称赞自己的孩子是最棒的。虽然听的人也会表面上附和着说羡慕，但心里却会认为他是炫耀孩子的傻瓜，因为平时有见过那孩子的行为，所以并不相信他的话。但闵子骞的父母和兄弟是因为敬佩他的孝道而真心称赞的，听的人也因见过闵子骞平时的样子，所以也一起真心地称赞他。

闵子骞的母亲很早就去世了，父亲续弦后生了两个儿子，继母在他父亲去工作的时候，会差别对待闵子骞与自己的两个儿子，在大冬天时，给自己的儿子穿用棉花做衬里的衣服，给闵子骞穿用芦花做衬里的衣服。因为闵子骞没有把这件事告诉父亲，所以父亲完全不知情。

有一天，闵子骞为父亲驾车。但那一天极其寒冷，芦花做衬里的衣服根本无法御寒。闵子骞冻得不行，不小心将鞭子给弄掉了，直到那时父亲才知晓了闵子骞不停颤抖的原因。愤怒的父亲要把继母逐出家门，闵子骞却跪在父亲面前向他求情："母在一子寒，母去三子单。"听完这话，父亲才没有赶走继母，继母也因此深刻地反省，不再差别对待。（《二十四孝》）闵子骞如此行孝，他的父母和兄弟如何能不去称赞？

像闵子骞这样，孝由内心而发时，其本人就会成为父母及周围都认可的孝子。其实当父母看到孩子的真心时，就会感受到真诚的孝道，但那并不是件容易的事，从孔子只称赞他一个人就能看出。那没有别的方法吗？虽然父母在孩子们对自己好的时候会很开心，但更会为孩子正直地生活，得到成功而高兴。若子女为了奉养父母，而为自己的人生找借口或放弃，是不会有父母开心的。从父母的立场来看，子女与父母成为一体，老实地生活便是孝。

悦亲有道：反身不诚，不悦于亲矣。（《孟子·离娄上》）

对自己的生命忠实，就是让父母高兴和感动的最佳方法。父母的心都是这样的，就算子女因为很忙而不能对自己好，只要子女能老实认真地生活，就会感到感激。子女能在自己的位置上尽全力，父母就会很满足很高兴。其实对自己老实的人，对父母也没什么做不到的。

父母常常为子女感到担忧，并非因为得不到子女的孝顺，而是因为即便给子女创造了好的环境，但他们也不会好好努力。学生对学习漠不关心，职场人对职场愤愤不平，总是想着离开，甚至有的人过着放浪的生活，沉迷于玩乐之中。这些给父母平添了无穷的担忧。为了让父母不再担心，最好的孝顺就是在自己的位置上尽最大的努力。由此看来，孝与不孝，差异并不大。

3、找寻自己尽孝的方法

大部分的人只有在父母离世的时候，才会对自己的不孝感到后悔。《韩诗外传》中有这样一句话："树欲静而风不止，子欲养而亲不待。"父母离世了才醒悟，然而到了那个时候，悔之晚矣。

若想追究不孝的原因，只能反躬自身。孟子曾详细地分辨五种不孝的行为，这些行为同时也都表现出了对自己不忠实的样子："世俗所谓不孝者五：惰其四支，不顾父母之养，一不孝也；博弈好饮酒，不顾父母之养，二不孝也；好货财，私妻子，不顾父母之养，三不孝也；从耳目之欲，以为父母戮，四不孝也；好勇斗很，以危父母，五不孝也。"《孟子·离娄下》这五种情况都表现出了对自己的不忠实，既然对自己都无法忠实，对父母就更不会孝顺。

首先，若全力守好自己的本分，也会得到来自周围的肯定，不仅如此，父母也会跟着儿女沾光，受到他人的尊敬。父母能托子孙的福，得到他人的尊敬而感到欣慰，这就是最伟大的孝了。正如《春秋公羊传》中"母凭子贵"的说法，出色的子嗣得到别人的尊敬，父母便会受到与子嗣同等的待遇。这也是一生中，需要长期努力才能做到的孝："立身行道，扬名于后世，以显父母，孝之终也。"（《孝经》）

那么，有没有能立即行孝的方法呢？有四名弟子向孔子询问行孝的方法，从孔子的答复中我们可以找到解决此问题的线索：

> 孟懿子问孝，子曰："无违。"孟武伯问孝，子曰："父母唯其疾之忧。"子游问孝，子曰："今之孝者，是谓能养，至于犬马，皆能有养，不敬，何以别乎?"子夏问孝，子曰："色难，有事，弟子服其劳，有酒食，先生馔，曾是以为孝乎?"(《论语·为政》)

都是问孝，孔子做出了四种不同的回答。孔子的回答并不是我们想象中的那样，听父母的话，用功努力学习这样的回答。四名弟子在听到孔子回答的瞬间，大概也会颜面发红，觉得难为情吧？因为惊讶于孔子对自己平时生活的仔细观察，以及精辟地指出自己不足，所以才会感到羞愧。

孟懿子平时对父母时常顶嘴，一点也不恭敬。所以孔子用"无违"来答复他，这是要求他向父母行使应有的礼节。孟懿子的儿子孟武伯喜欢闯祸打斗，今天又会闯出什么大祸呢？父母的担心永远不能停止。父母只希望他健健康康，不要再闯什么祸，如此就安心了。对子游则是像前面所提到的，要理解父母的心意，并以恭敬的态度对待父母。子夏回家的时候，总是表现出一种很烦躁的样子。虽然代替父母做粗活，或优先给父母送好吃的都很好，但如果用厌恶的表情勉强去做，父母的心是绝对不会安稳的。按照孔子所指示四名弟子的话，直接去实践，也许父母都会大吃一惊吧？孩子为什么做了平时不做的事？即使有着这样的疑问，父母也会从内心感到欣慰，觉得孩子长大了，会理解自己的心了，由此而感到高兴。只有努力做到让父母不会被这种行为感到惊吓或奇怪，才能称为孝。

现在请想想看自己对父母没有做到的是什么。从做了会让父母感到惊讶的行动开始吧。就这样，一件件地实行，直到自己也不生疏的那一天。在这个过程中，不知不觉会发现自己也变得替父母着想，努力想让父母开心。

第二章

世界与我为一体

四海之内，皆兄弟也。(《论语·颜渊》)

一、向世界开启的心

　　窗户虽然可以隔开内部与外部，但同时也是内部与外部沟通的渠道。没有窗户的房间相对便宜的原因是因为与外部隔开会给人一种郁闷的感觉，相反的，医院就有很多窗户，这能让身体不舒服的患者们打开心门，这也是医院对病人的一种关怀。

　　我们的心里都有一扇门，这扇门会因为人与社会关系的和谐而打开，但也会因为一些创伤而关闭。在讨厌的人身旁，我们基本不会开口说话，这就说明开口说话的锁钥会因心门而不同。心门是显露内在的交流之门，也是确认自身存在的疏通渠道。如果可以顺利地坚守，这扇大门就是一扇能保护自我的门，而且是能迎接大家的门。不被了解的心门可能会因为某些情况被关上，但当心门被再次打开的时候，我们就能站在和世界沟通的中心点上。

生命之门源于种子，古代医学将桃子的种子称为桃仁，杏核又称为杏仁。由此可以得知"仁"相当于种子，种子种植在适合的土壤中，就能开花结果长出茂盛的果实。生命的种子虽小，但却具有破土而出的惊人力量。

那么，在人间哪里可以找到这种原始的生命意识呢？在关怀他人并且与之共存的宽广地平上，人心的种子——"心地"——存在着"仁"的精神。以下是宋代学者程颢关于性理学这一新颖思想的说明。

怀有仁慈心的人就像全身能感受到天地万物一样。如果将万物想象成自身的一部分，那么对任何事物都会产生感情。要是觉得那些事物与自身不同，那些事物就会成为与我完全无关的东西。这就好比血气不通引起的手脚麻痹，会让人感到手脚好像不属于自己一样。

真正拥有仁慈心的人，会认为天地万物与自身是分不开的，就像我们身体受伤时感到疼痛一样，仁心会让我们不放任周边发生的任何事情。有着这种心肠的人，就算对一片碎裂的瓦片也会感到可惜。明明是无关痛痒可以忽视的事，他也不会当作没看到。

古代医学中，身体某部分麻痹而感觉不到任何疼痛，称为"不仁"。就像麻痹"不仁"的状态可以治疗那样，没有人会想一生都带着痛苦生活。如果放弃治疗这种"不仁"的身躯，就等同放弃做一个正常人。

如果"不仁"是麻痹，那么"仁"便是生存的生命力。传统时代的知识分子认为生命体蠕动生存的原始力量是伟大的大自然给予的。传统意义的天地或宇宙与现今"自然"的意义相同。"自然"是由"自"和"然"组成的。"自动"或"不由自主"中的"自"，本义是指人类的鼻子，后引申为自己本身或自然的意义。"然"则与此相似，或是没有额外被赋予其他特别意义的意思。在人脸中，鼻子与嘴巴都是是感知生命精力的核心器官，迫近死亡时，过世与否也是通过鼻子得知。"自然"是从鼻子所具有的生命力的意像引申出来的，表示并不需要借用其他的力量，意即自动或是不由自主的状态。

在《周易》中"自然"有天地本质的力量之意，此力量被定为生命力。天地的大德又称为"生"。虽然现今发达的科技使得生命的神秘面纱褪去一角，然而生命依旧充满未知。西方科学是重视主客二分的分析性认知。然东方传统与此不同，就像水墨画中的人物只是自然的一部分那样，对于自然，东方人更喜爱心灵的清静和感悟。也就是说，对于东方人而言，自然并不是人类需要探究的对象，而是生命的根源与目的。就像在平静的湖面上抛一颗小石子，会出现一个一个向外扩展的同心圆一样。自然离我们并不远，与我们的日常紧密连系着。因此通过天地我们可以正视自己本来的面貌。这与儒学中唤起新力量的新儒学者的口号大致相同：
"见天地之心！"

　　碰见某些问题时，从对方的感受和立场换位思考也许能够帮助解决矛盾。从对方立场来看问题，这在《大学》中称为"絜矩之道"，即用自己内心的标准来推测别人的感受。即使明白也不能欣然靠近的距离感并不容易超越。就算自己认为正确的事，根据不同的情况，也可能会受到偏见和固执的影响。但是对于人们来说，主动拉近他人的身体和感受，可以产生一种超越阻隔的神秘力量。那种源泉的力量在《西铭》中体现为"乾""坤"的隐喻：

　　　　乾称父，坤称母。予兹藐焉，乃混然中处。故天地之塞，吾其体；天地之帅，吾其性。民，吾同胞；物，吾与也。(《西铭》)

　　将天地想象为父母，人是在父母的情感交流下诞生的，这样的观点，是将所有与我有关的事想象成一个整体。那个心意是超越血缘关系、将一切都看成出自同体的"同胞"精神，而其根基是珍惜并爱护他者生命的仁心。

　　对东亚儒学的发展给予很大影响的朱子，也体悟了被称为"仁"的内在生命本性。"仁"是由天禀赋于人，由此人的本性得以建立。以人为首的所有生命，当以生生不息的天地之心，作为各自的心。因此贯通所有存在中心的正是"仁"。

东方的传统中，四海之内皆兄弟，万物是与我一起生活的邻居。从子夏与司马牛的对话中也可以感受到关于四海同胞的思维：

> 司马牛忧曰："人皆有兄弟，我独亡。"子夏曰："商闻之矣：'死生有命，富贵在天。'君子敬而无失，与人恭而有礼，四海之内，皆兄弟也。君子何患乎无兄弟也？"（《论语·颜渊》）

司马牛有五个兄弟，但在宋国当过大夫的兄长桓魋在战争爆发的时候逃往其他国家，而其他兄弟都七零八落地走散了。司马牛担心兄弟，也忧虑自己会一不小心卷入这场灾难。子夏借用孔子的话来说明，不是只有拥有血缘关系的亲兄弟才是兄弟，只要用"敬"来规范自身并遵行"礼"，全都可称为兄弟，即仁人君子与天下之人皆为兄弟。

家和万事兴，如果家庭和睦，所有事都能达成。家庭以共同体模式为起始。孝是延续感谢和照顾他人这一社会关系的基础。在家庭中没有孝心的人在社会中也难以成为出色的人才。所以孔子说过在家中要尽孝道，在外面要对长辈恭敬。从对父母的亲切感这种自然情感出发，继而扩充至对于周边人的爱，最终期许能与所有生命互相交感从而培养出普遍的情感。

共同体是以血缘关系为纽带形成的。为了和共同体沟通，需要不断提升自己的修养。"仁"即是打开那扇沟通之门的心钥。

二、我、我们与世界

《大学》是教导通过自身的修养来管理国家与世界的一本书。这一过程分为四个阶段，也就是修身、齐家、治国、平天下。这四个阶段并没有一定的时间顺序，如果说要等到修身完成再来齐家，就有可能一辈子都在修身的阶段，还来不及嫁娶、生子、孝顺父母，一生就过完了。因为修身是一辈子的事情，所以这四项工作是并行的。这四项工作彼此紧密地联系在一起，并由修身开始展开。从自我的修养逐渐扩展到其他事情的治理，这也是道德与价值观的建立过程。把自我的修养实践于社会之上，逐渐建立我与别人、我与社会和国家的关系。

爱自己的家人称为"亲亲"，爱别人则称为"爱人"。儒学讲求从爱自己的家人扩展到爱别人，最终达到大同的境界。欲建立良好的人际关系进而维系健康的社会生活，最好的方法就是"孝"。齐家与治国的概念是一样的，只不过是把实践的领域与范围从家庭扩大到社会而已。不管是在家里或是整个国家，与人接触和活动的空间只有大小的差异，人和人相处并没有不同。就如同在家里有父母一样，在社会上还有其他的人。正如在家里孝顺父母一样，在社会上一样要恭敬待人。依此类推，服侍国王就如孝顺父母一样简单，孝顺也只不过犹如服侍国王一样。美国史密斯大学但以理加纳教授曾经说过："在家庭中所学的孝道会延伸影响到社会的人际关系。也就是说人类是透过与家族的互动来学习与人相处的方式。"波士顿大学的艾文贺教授提到"孝顺本身的意义应该超越对父母养育的回报，还应学习对人亲切的态度，以及利他、重视公益的品行。"因此孝本身的意义应该是从家里开始扩展到社会生活层面。

三、在社会上的人际关系

由此，孝很自然地在社会中扩大成为与人建立关系的基础，在社会上实践孝的基本即是"仁"。因为在社会上实践"仁"的行为可能因着学识与教养各有不同，所以每个人找到最适合的方法是很重要的。即便每个人实践的具体方法不同，对"仁"的准则应该是一样的。另外在实践"仁"的行为上不可或缺的是"恕"，子贡问孔子，到死之前应该要实践的德是什么，孔子回答说"恕"。曾子说"夫子之道，忠恕而已矣"。由此可知，"恕"贯穿了孔子的一生。也因为这样，子贡把"恕"当成是人生的座右铭。

虽然"仁"与"恕"实践起来似乎非常困难，但其实并不难着手，我们只要做到不强迫别人去做不喜欢的事，就可以视为"恕"。其他人与我们一样，如果我们强迫别人去做某件事，相信那个人一定会很不高兴。在一个团体里工作，一定会有既花时间又辛苦的工作，这个时候如果有人愿意出来承担这份工作，大家都会很感激你并且对你另眼相看。这么一个小小的动作将会给与人互动的关系带来很大的影响，因为会有很多人乐意与你一起工作，也会有很多人愿意围绕在你身边。

如果我想成功，就先成就别人，就如《论语》所说："己欲立而立人，己欲达而达人。"人人都想功成名就，因此时常出现竞争激烈甚至踩在别人头上，视对方为敌人，彼此忌妒等现象，即使因此得到了成功与荣耀，也得不到真诚的祝福，因为你已经失去了很多你周围的朋友，就算成功了，周围与你相争的人还是会不断出现，最后你只能过着孤独的生活。

但是如果我清楚地了解人心，以协力取代竞争，就能获得别人的心，这就是《大学》所谓的"絜矩之道"。"矩"是指测量的工具或指标。事实上每个人的心里面都有共同喜欢与厌恶的事物，同理，当我站在别人的立场去思考的时候，别人就会感到非常的感动。例如，上司的行为让人感到厌恶时，不只是我，连我的下属也都可能不喜欢那样的行为。当我是一个主管的时候，只要回想起过去自己当部属时不喜欢主管强迫自己做事的感觉，我就不会强迫我的下属去做他不喜欢的事情。有时候我不满意下属的行为，同样的，我也会更加注意自己对待主管时的态度。如此，当我们以同理心对待周围的人时，我们就能够做到"絜矩之道"。

虽然我们都知道关怀、体贴别人是做人的道理，但是要去实践却是很不容易的事情。因为有时候我们可能必须学会让步或以身作则才能实现"絜矩之道"，但这不只是花时间和精力，还会让人感觉失去自尊心或自身的利益。当然如果我们只想到眼前的自尊心与利益，便无法实践这个道理。想得到周遭人的好感与真心，你就必须牺牲所谓的眼前的自尊心与自身的利益。好的人际关系并不是因实践某个道理就可以成就的，而是借着细微的情感表达与适切的个人行为展现出来的。

例如在一场朋友聚会上，有的人只顾着拼命吃喝玩乐，而有的人则是为朋友服务，这两者之间可以明显地看出其差异性。

四、与世界融为一体之路

在东亚，超越了人类和社会的共同体便是宇宙整体。人与人之间的关系网把我们紧紧包围在内，任何时候我们都可以透过这个框架观望到人类的生活。所谓自然，不是一味地把整体分节然后随意地活着。人类群体既是大自然的一部分，也是一个一个的小宇宙。

然而，人类的地位其实跟自然界中的动植物等其他存在是不一样的。那么人类有什么不一样呢？根据构成每个生命体物质的不同，各个生命体所表现出来的特征都有很大的差异。儒学中一些性理学者认为，人类是由纯正的"气"所聚集而成的，人类是具备仁义礼智信这些道德的灵性的存在。《童蒙先习》一书中说到："天地之间，万物之众，惟人最贵。所贵乎人者，以其有五伦也。"这段话很简单，讲的就是天地万物之中，唯有人最为尊贵，其原因便是人具备所谓的"五伦"，那么问题来了，"五伦"指的是什么？"五伦"即五种人伦关系。封建宗法社会以君臣、父子、夫妇、兄弟、朋友为"五伦"。孟子认为：父子之间有骨肉之亲，君臣之间有礼义之道，夫妻之间挚爱而又内外有别，老少之间有尊卑之序，朋友之间有诚信之德，这是处理人与人之间关系的道理和行为准则。《孟子·滕文公上》："使契为司徒，教以人伦：父子有亲，君臣有义，夫妇有别，长幼有序，朋友有信。"从这里便可以看出五伦的含义。"五常"即仁、义、礼、智、信，是用以调整、规范君臣、父子、兄弟、夫妇、朋友等人伦关系的行为准则。

与此相反，动物相对来说是由"浑浊之气"聚集而成的。因此动物没有道德意识，只能执行一些感知活动，并没有道德意义上辨别羞耻的能力。所以我们时常可以听到"人面兽心"这种用来贬低人的形容词。对于同样没有意识能力的植物来说也是同样的道理。在自然界中区分了物种的差异之后，我们可以看出人类是处在一个较高的地位的。这也符合人类对自然的责任意识。《中庸》一书中这样说到："喜怒哀乐之未发，谓之中；发而皆中节，谓之和。中也者，天下之大本也；和也者，天下之达道也。至中者，天地位焉，万物育焉。"这段话的意思是：人的喜怒哀乐没有表现出来，放在心里的时候叫做"中"；表现出来了，而又都合乎天道，叫做"和"；"中"是天下的根本，"和"是天下通行的大道理。只有中、和了，天地各守自己的位置，那万物才能生长发育。人在没有产生喜怒哀乐等这些情感的时候，心中没有受到外物的侵扰，是平和自然的，这样的状态就是"中"。人在处理各类事务的时候，不可避免地会在心理上产生反应，发生各种各样的情绪变化，并且在表情、行动、语言等方面表现出来。如果表现出来的情绪恰到好处，既不过分，也无不足，而且还符合当事人的身份、不违背情理、适时适度、切合场合，这样就达到了"和"的境界。

讲通俗一点就是，人饿的时候想吃饭，困的时候想睡觉，这些需求都是合情合理的。但是已经吃饱了还要吃，袋子已经装满了东西还要硬往里装，这就是不当的行为了。从这里就可以体现出"过犹不及"的思想。所谓"过犹不及"就是事情做得过头，就跟做得不够一样，都是不合适的。

构成"中""和"的便是"仁"。"仁"之心可以扩充到与他人的共鸣和沟通能力上面去。达到"中""和"的这一过程是追求自我的过程。这种思想便是天地万物与我是一体的思想。通过"中""和"的道理，我们可以看出，在任何情况下人都需要有一个想要实现理想人格的态度。每个人在这个紧密的关系网中都有自己的位置，没有例外。因此每个人自身的行为必然会影响到周边的事物。自己无意间说出的一句话可能会伤到别人，因此在责怪别人之前首先先检讨一下自己。孔子说过通过射箭也可以反映自身的修养，自己射出的箭没有命中靶子，不要去怪风或者他人，要怪只能怪到最后也没集中注意力的自己。射箭的时候，我们要瞄准靶心，从心里告诉自己能射准，给自己一个这样的心理暗示。

《论语·卫灵公》里说到："子曰：'君子求诸己，小人求诸人。'"这句话的意思是具有君子品行的人，遇到困难首先想到的是要靠自己去解决，不到万不得已的时候不求助于别人。而不具备君子品行的人，遇事总是习惯于求助于别人，而不是靠自己去解决。

当我们作为组织的一员的时候，自己把自己的工作尽力做到最好，这就不仅仅是个人的利益了，这更为自己的团队的发展发挥了重要的作用。因为自己的作用而大大地影响了整个集体的话，自己的责任感也会成正比增加。所以社会阶层强调的道德性和"以身作则"的理由正是如此。正因为每个人微不足道的行动都可以一点点地影响着周围，所以我们每个人都需要意识到这种人与人之间这种紧密关系的重要性。

五、大丈夫之路

繁忙的世界里，我们一直像在被追赶着生活一样，实际上我们很多重要的事情都错过了。一件很重要的事，一旦错过了，再也没有回头路可走。然而在做一件事之前，目的与过程是否重要，于我们而言并不容易区分得清。我们往往容易被一些小事迷惑，却错过了重要的事，这就叫小贪大失。

《孟子·告子上》："孟子曰：'有天爵者，有人爵者。仁义忠信，乐善不倦，此天爵也；公卿大夫，此人爵也。古之人，修其天爵而人爵从之。今之人，修其天爵以要人爵，既得人爵，而弃其天爵，则惑之甚者也，终亦必亡而已矣。'"我想问一下大家，天爵和人爵具体一点或者说通俗一点指的是什么？孟子说的是：有天赐的爵位，有人授的爵位。仁义忠信，不厌倦地乐于行善，这是天赐的爵位；公卿大夫，这是人授的爵位。古代的人修养天赐的爵位，水到渠成地获得人授的爵位。现在的人修养天赐的爵位，其目的就在于得到人授的爵位；一旦得到人授的爵位，便抛弃了天赐的爵位。这可真是糊涂得很啊！最终连人授的爵位也必定会失去。所谓"天爵"只是一种比拟性的说法，天爵实际上是精神的爵位，内在的爵位，无需谁来委任封赏，也无法世袭继承。人爵则是偏于物质的、外在的爵位，必须靠人委任或封赏或世袭。

说穿了，天爵是精神贵族，人爵是社会贵族。大部分人为了得到权利和更高的地位很努力很拼命。一旦他得到了这些权利地位，就会为了不被人抢走而费九牛二虎之力来保护自己拥有的权利地位。虽然有"权不十年，花无十日红"（中国是"人无千日好，花无百日红"）这样一句话，可是像飞蛾一样执迷不悟地扑向权利之火的人太多了！追求人爵而抛弃天爵的人太多了，保持着仁义之心而追求天爵的可贵的人太少了。

时代发展到民主的今天，社会贵族（至少在名份上）已日趋消亡，而精神贵族（按照我们这里的特定含义，而不是通常的意义）却长存。

回过头来说，孔、孟又何尝不是他们时代的精神贵族呢？

"忠信仁义，乐善不倦。"

这样的精神贵族，即使是在我们这个平民化的时代，是不是也多多益善呢？

孟子是这样形容"大丈夫"的：

居天下之广居，立天下之正位，行天下之大道；得志，与民由之；不得志，独行其道。富贵不能淫，贫贱不能移，威武不能屈，此之谓大丈夫。

第二部

义

行义

第三章

唯近于义，而从于义

君子义以为质。(《论语·卫灵公》)

居住在天下最宽广的住宅"仁"里，站立在天下最正确的位置"礼"上，行走在天下最宽广的道路"义"上；能实现理想时，就同人民一起走这条正道；不能实现理想时，就独自行走在这条正道上。富贵不能迷乱他的思想，贫贱不能改变他的操守，威武不能压服他的意志，这才叫作大丈夫。

　　概括一下孟子所提出的"大丈夫"的标准：

　　① 有原则，能居仁、由义、依礼而行；② 有理想，能坚守正道；③ 能坚持，面对威胁利诱毫不动摇。

　　我们可以从孟子这段话中得到启迪：人心中的底线不能丢。人在生命的旅程中，虽然不如意事十有八九，但是无论是得志与否，都不能怨天尤人，要积极的入世，就算别人不看好你，你也要坚持自己的理想，为之奋斗。

　　朝鲜的真儒先辈们也是这样，不为富贵或贫穷动摇自己，具备不向不正义现实妥协的节操。能从政的话他们会勇敢地去实现自己的信念，就算不能从政，他们也会毫不犹豫地独自实践着自己所坚守的道理，会朝着天下大同的道路大步向前走去！

一、不欲苟且偷生

爬山时迷了路。夜幕就要降临，既没有手电筒，也没有指南针。因为是每天都面对的山，所以小看了它。惊恐之余，飞快地穿越山谷，登上了山顶。这时，朦胧的月光为我们指引方向。

生活就像是登山。当白天阳光照耀大地时，我们不用苦恼，可以放开脚步大胆地往前走。但是在黑暗中就不同了。在腐败和不法行为泛滥时，我们的日常生活就像在黑暗中行走。因为看不到前方的路，我们会犹豫彷徨。我们虽然渴望努力实现正义的社会，但是不仅认路难，就算认识路，坚定不移地走下去也难。

传说中记载，古代在辨别真假时会使用通灵的羊。每当争讼激烈时，双方要向法庭提供一只羊，陈述结束后被羊角撞到的一方就会败诉。会意字"义（義）"呈现的便是判断基准物"羊"和武力、王权的象征物"戈"，意味着贤明与政治力量相互和谐的理想状态。在甲骨文和金文中，"义"字表现的是为了满足神的意志，用锯齿状的刀宰割祭牲物"羊"的形态。与"义"字发音相同的"宜"字表现的也是把肉放在俎上适当地切割的形态。所以用来表示"正确、恰当、适合"的意思。

孔子说，意味着正确的行为标准的"义"与"义理"、"道义"、"节义"等是所有事情的根本。

君子义以为上，君子有勇而无义，为乱，小人有勇而无义，为盗。(《论语·阳货》)

如果居于上位的君子不知义而只崇尚勇猛，就会违背道理，忘记自己的本分，进而引发矛盾，使社会陷入混乱。如果居于下位的老百姓只凭借勇猛而不会用义来控制，就会变得凶暴，成为盗贼。就是说，无论君子还是小人，无论他的身份高低，即便他有力量，如果没有义，也会造成社会混乱。因此，只要是立志于圣学的君子，就应该以义为准则，实践自己的人生。

被誉为朝鲜实践儒学家的南冥曹植正是这样做的。他曾经多次受到王的邀请，但是都予以回绝，最终也没有涉入政界，作为"处士"结束了自己的一生。他所重视的是"敬"和"义"。他把这两个字刻在剑上，决心要"培养正心，实践正事"。这把剑叫做"敬义剑"，意思是："内明者敬，外断者义"。这里我们可以窥见到，南冥追求的是眼里不掺沙子的严格性和正直性的风范。他还把一个叫做"惺惺子"的铃铛挂在腰间，时常发出响声的铃铛，成为警戒、恭敬、恐惧的修养工具。对王也能直言不讳的他，立志要成为像"天鸣犹不鸣"的智异山一样的人。正直而清廉是南冥终生恪守的信念，也是他叮嘱后学的教诲。从他写的《浴川》诗中，也能看到一个遏人欲而恪守义的儒士的风貌：

全身四十年前累，千斛清渊洗尽休。
尘土倘能生五内，直今刳腹付归流。(《南冥集》)

他的决意与正直被弟子们所继承，当国家处于危难时，在他的门下涌现出了郭再祐、郑述、崔永庆等义兵。

儒学者这种把"义"的实践作为毕生工夫，抵抗"不义"行为，纠正错误的高傲的义理精神一直在历史的长河中熠熠生辉。在旧韩末，面对朝廷的独擅和威势，腰挎斧头跪在阙门前，奏上《持斧伏阙上疏》的是勉庵崔益铉。当1905年耻辱的《乙巳保护条约》被强制签订时，74岁高龄的他不顾个人安危，带领义兵实践了"卫正斥邪"的信念。虽然未能完成意志，被日本军逮捕，最终绝食而亡，但勉庵亲身实践了一个真儒士的道理，成为文弱知识人的龟鉴。

　　当代的最后一位儒士心山金昌淑也是如此。他是一个生活在日帝强占时期和大韩民国初期，坚持"不与不义行为相妥协"的儒士精神的知识人。心山认为"读圣人书，而无得于圣人救时之义者，是伪儒也。"他没有选择不顾时代的不幸而追求个人安逸的人生。在亡国的不幸时代，他为民族独立而斗争，牺牲个人的生活；光复以后，他又为阻止民族的分裂而努力。而且为了国家的未来把一生献给了教育。无论在什么情况下，他都没有向不正的权力妥协，他只是把义放在了心中，始终遵循着"义"。

　　正是这样，"义"在东亚数千年来一直都是近乎于先贤们宗教信念的行为标准，也是让他们在极限状态下也能支撑下去的精神支柱。那么，究竟"义"具有什么意义？

二、孔子，建立"义"的标准

（一）我们心中的道德律

　　当我们看到对方做出幼稚的行为时，经常会忠告他："别意气用事，要顺其自然。"也就是说，只有自觉到心中的本性，按照自己的本性去生活，才能让自己感到舒服，也才能和他人维持和谐的关系。正确的行为标准"义"并不是只有通过经验才能确认到的外在价值，而是一个内在的道德准则。

孔子一行路过宋国，当时的大夫桓魋想加害于他们。即便是此千钧一发之际，孔子依旧毅然决然地坚守着内心之义。

天生德于予，桓魋其如予何？（《论语·述而》）

这里展现出了在危机状态下也光彩耀眼的孔子的从容。孔子所说的"德"究竟意味着什么？在金文中，"德"字写做"德"，它是以睁大眼睛象征对祖先的敬畏之心。《说文解字》将"德"解释为"在内心积德，施惠于他人"。朱子认为，"德"与含有"获取"之意的"得"字是相通的。如果把"德"字拆开来看，则由十只眼睛（十目）和一个心（一心）组成。如此，"德"意味着似乎有无数只眼睛在注视着你，因此你应该怀着虔诚的心，时刻注意自己的言行，去实践先验的内在之"义"，使之不被忘却。

从通过不断的自我省察和努力来扩充内在之"德"的孔子的立场来看，像小人之辈般行动的桓魋的威胁不足为惧。

他只是担心不能自主地觉悟到内心中的行为准则，并按照那样的标准去生活。

人既是一个自觉到自己心中内在的"义"而加以实践的主体，也是一个自律的存在。因此，即使身患重病或生命危急，也没有必要请巫师来做巫法，或者陈设祭物向上天祈福。天和鬼神等超越的存在不再是恐怖和惊异的对象，而是通过心中内在的"义"所确认到的道德本源。

当然对于天的认识转变，在很久以前就已经开始了。经过西周末期和春秋时代，经历了许多动乱的百姓们，逐渐地丧失了对之前他们认为是绝对者而依靠和恐惧的"天"的信仰。西周末期，王因暴治而失德，百姓由此而对天命思想表现出了不信任和怀疑的态度。进入春秋时代，对于"天"的动摇就更猛烈了。发现了这一思想转变的孔子，通过"天内在化"的能动方式自主地与天沟通。孔子不仅没有通过祭祀、巫师或命令等被动方式去领会天的意志，而且没有独自占有，而是让所有人共有，即人人都能懂得天的意志。无论人的身份高低，"天人合一"的可能性都扩大到每个人身上。

不仅在衣食住行的日常生活中，而且在天地自然的形态中，我们都能够确认到天。"天何言哉？四时行焉，百物生焉，天何言哉？"（《论语·阳货》）就是说，通过按时变换的四季和自然生长的万物，我们能够感觉和认识到天的完整面貌。

"大哉尧之为君也！巍巍乎，唯天为大，唯尧则之。荡荡乎，民无能名焉。"（《论语·泰伯》）这是孔子对实现了理想社会的尧帝的赞美。因为尧帝不但觉悟了内在于自己心中的天理，而且按照这个天理，就像太阳毫无差别地照耀万物一样公平地治理天下。

假如孔子寄希望于天的人格性而凡事都依赖它去解决，《论语》里就应该有赞美或崇拜超越存在的痕迹。然而翻遍全书都无法找到任何痕迹。对于孔子来说，天是不是人格性的存在并不重要。天理是通过自然生长的万物的诚实与人的德行得到体现的。所以，以人自身的努力实现"天人合一"才是其核心所在。要想做到这一点，首先就要尽心去自觉和实践"正"。如果能不被私欲所迷惑，以内在的"正"为基础思考和行动，最终就能与天合一。就是说，孔子的关心已经从超越的"天"转变为道德思考和行为的主体的"人心"。这是思考的划时代的转变。

(二) 随"时"应变的砝码

"义"不是外在于人心的准则，而是"天"内在于人心之中，根据情况表达"仁心"的行为准则。因此，人的当为性的行为标准在不同的时间和空间里，还表现为各自不同的形态。孔子说：

君子之于天下也，无适也，无莫也，义之与比。(《论语·里仁》)

大部分的人都有从自己的立场出发分辨是非的准绳和标准。所以在日常的行为中，应该做和不该做的事情是很分明的。应该按照这个标准，严格要求自己和周围的人。这是因为如果只是以自己的想法和观念为标准，那么不仅容易偏颇，而且也不能积极地应对情况上的变化。由此而产生的"不和谐音"也接连不断。可是孔子并非如此。对他来说，既没有必须要做的事情，也没有绝对不能做的事情。他只是顺应时间和情况，把"义"放在中心，行"义"而已。他所做的正是"随时处中"。

君子就是这样，在私见和时流面前决不动摇，按照切合实际的准则"义"去行动。就像爬山时不会因为没有指定的路而选择陡峭的悬崖或艰险的林间路一样。"义"是最舒适、安全和快捷的路，是一条包容一切的路。因此，即使和自己的想法不同，他人的意见只要正确也可以接受。

孔子并不认为每个人都要有一样的想法，走同样的路。对于因各自的地位、情况和力量的不同而产生的想法和差别（不同），孔子给予了肯定。不能因为玫瑰花美丽，就不考虑气候或土壤的性质，到处都种上玫瑰花；就算把南瓜花染成玫瑰色，加上刺儿，南瓜花也变成不了玫瑰花。南瓜花有南瓜花的美丽与作用，别的花也同样如此。花园里的花儿都有各自的形状、颜色和香气，当它们融合在一起时会更加美丽。这就是"和谐（和）"。社会也是如此。如果无视每个人的相貌、看法和性格上的特征而强求与自己相同或个人的单方面牺牲，那么共同体就会遭到破坏。因此，不能以普遍的名义要求一致化和统一化，而要尊重每个人的个性，谋求共同体的共存。以"不同"为前提而实现的"和谐"是重视关系文化的社会所追求的理想。

《大学》中，所有事物成为一体的最理想的状态被称为"止于至善"。其典范正是文王。孔子所尊敬的文王一生都是根据自己所处的位置而生活的。"为人君止于仁，为人臣止于敬，为人子止于孝，为人父止于慈，与国人交止于信。"因为社会角色不是固定的，所以要根据实际情况去行动。"为人君"时与"为人臣"时是不同的，"为人父"时和"为人子"时也是不同的。文王会根据不同角色做出正确的行动，正是所谓"止于至善"。就是说，要根据合乎时宜的正道，在特定的位置上，履行自己的责任。

因此，在变化的中心就要有一个"义"静静地存在。这就像麻雀虽然白天聚集在电线上寻找食物或休息，但是到了夜晚，就躲进枝叶茂盛的树林或巢穴中安全地入睡一样。

重要的是，根据情况而采取的准备、停留、前进、后退等行动要无过与不及、正确而时中。这一点还体现在"丙子胡乱"时，斥和派与主和派之间为克服国难而展开的争论中。当时，清朝的入侵，将朝鲜推到危机四伏的旋涡当中。朝鲜在"壬辰倭乱"以后，国力还处于尚未恢复的状态。可是面对危机，斥和派与主和派在意见上发生分歧。斥和派的代表人物金尚宪主张以死抗争。他认为不去迎战就发降书是一种耻辱，向明朝的仇敌投降是背信弃义的行为，也是丧失根本的行为。相反，主和派的代表人物崔鸣吉的立场却不同。他认为对即将灭亡的明朝坚守信义，只有在太平年代才可以通用。因为保全国家是首要的事情，就算是妥协也要先保全国家，图谋他日是其次的事情。

这两种立场，可以简单评价为"名分"与"实利"的斗争。但实际上，这是一场围绕着"义"而展开的激烈争论。至于谁的主张是更符合当时情况的正道，我们暂且不作判断。即便追求名分，也需要考虑实利，即便追求实利，也应当有名分存在，这就是"义"。

"义"就像一个随着重量自由移动的砝码。因此是一个不会陷入极端或始终保持不偏不倚的、根据实际情况被重新定义的中庸价值。可是行中庸之道谈何容易？这就是孔子所说的："中庸之为德也，其至矣乎！民鲜久矣。"(《论语·雍也》) 同一个行为在不同的情况下会有不同的解释，也是因为"义"以为准。例如，杀人是不道德的行为。但是，为抵抗"不义"而积极实践"杀身成仁"的安重根义士的行为却被看做是"义举"。

因为情况是随时变化的，所以没有一定要做的和绝对不能做的事情。要根据实际情况判断它符不符合情况、正不正确。只有重视"义"而遵循"义"，才是君子的选择和应当走的路。为了"义"的自觉与实践，就不能执着于已经流逝的过去和还未来临的将来。现在就在这里，以"义"为标准做出敏感、灵活的反应，就是我们的态度。

(三)"仁心"的方向舵

意味着正确行为的依据和社会正义的"义"是以"仁"为基础的。在切合实际地表达至善仁爱之心的过程中，要有"义"存在。叶公和孔子之间关于"正直（直）"的对话，就直接体现了孔子所定义的"义"的特性。叶公举出儿子告发父亲偷羊的事例，炫耀了他的正直感。如果从主张社会是独立的个体集合（collection）的现代社会的个人主义思维出发，或者是从立足于宪政主义的民主主义的观点来看，叶公的言论颇为妥当。这是一个在家庭里实践社会正义的模范事例。然而孔子的回答却不同：

> 吾党之直者，异于是，父为子隐，子为父隐，直在其中矣。（《论语·子路》）

父亲盗窃在道德上无疑是有问题的行为。或许是因为这个原因，朱子认为父亲和儿子互相包庇的行为并不妥当，因此把"攘"字解释为掠夺跳进自己家墙院里的别人家的鸡或狗。就是说，它和直接偷盗的"盗"是不同的。因此没有使用含有"告发"之意的"告"，而是用了含有"证明"之意的"证"。然而《孟子》中还有一个实例是儿子背着杀了人的父亲逃跑的故事。孟子的弟子桃应问孟子：舜成为天子，皋陶是法官。如果舜的父亲瞽瞍杀了人，舜和皋陶会怎么处理？孟子回答说：皋陶理所当然会逮捕瞽瞍，舜也会像丢弃旧鞋一样抛弃国家，背着父亲逃跑，逃到沿海的地方生活。如果以后面这个故事为依据，朱子的解释就缺乏说服力。

"直躬"的故事似乎在当时非常有名。《韩非子》中也有记述，但其采取的立场和《论语》不同。父亲偷了羊，作为儿子的直躬向官衙告发了父亲。于是楚国的宰相大怒，呵斥儿子，将他处于死刑。在他看来，儿子告发父亲是错误的行为。之后，在楚国就发生了知道犯人是谁也不向上级告发的事情。

而在鲁国，每当发生战争，就有逃离军营的人。孔子问其缘由，他说是为了赡养他的老父亲。于是孔子赞许他有孝心。之后，在鲁国就出现了许许多多逃离军营的人。

通过这些事例，韩非子认为父亲的孝子对君王来说是叛逆者，君王的忠臣对父亲来说是不孝子。君王和百姓的利益从来都是相反的。于是他斩钉截铁地说，君王通过称赞个人的行为而造福于国家是不可能的事情，在国家和家庭之间要以国家为先。不愧是韩非子的想法。

父母和子女互相包庇的"亲亲相隐"给东亚思想文化也带来影响。我国的现行法规定，隐瞒和包庇盗窃或杀人是犯罪行为。但是包庇家属或亲属却不受到处罚。而且对于是否应当处罚在国家安全受到威胁的情况下发生的家属知情不报罪（对于进行反国家活动的人，未向调查机关或情报机构举报之罪）的国家安保法条例，也曾经有过许多争论。

其实在叶公和孔子的争论中，孔子想说的意图有两个。

第一，"义"是在像天伦这种父母和子女之间关系一样自然显现的仁心的基础上规定的。孔子时常把人人都具有的"仁"比喻为父母之爱。父母对子女的爱心不必强求，会自然流露。即使孩子做了错误行为，父母也会怀着不变的信赖和爱心去包容、引导他们。孝也是如此。只要不是陷入欲望中的子女，大部分的人都能恭敬和尊重父母的意愿。因为有"我们"这个合一的观念占据在人们的心中，它可以自然显现。

相反，在人伦关系中，我们经常会忘记一个事实：人是由一颗相同的心连接在一起的存在。因为对方是与我无关的"别人"，所以一旦失约或犯错，首先就想到责任或处罚。宽容和理解根本没有挤入的缝隙。无论夫妻、朋友还是同事，如果都能像父母和子女一样，将对方视为一种本为一体的存在，就会首先产生怜悯之心，试图理解和宽容对方。即使做了不道德的行为，也会从不同的角度出发努力去表达信赖和爱护之心。孔子在人与人的关系上重视忠和信、强调恢复信赖也是因为这个原因。将天伦关系中自然流露的无限信赖和爱心扩大到人伦关系上就是孔子的最终目标。

假如这个世界是按照法制等他律性规律运行的，包庇犯法的父亲就是破坏社会秩序的行为。所以就算是父母和子女，也不能互相包庇。然而孔子心中的理想世界是以爱心为前提的社会。他认为，将在父母和子女之间自然流露的至诚的爱心逐渐向社会扩大是可行的。因此"义"就存在于"当父亲偷了羊时，儿子感到惋惜，因忠实于自己的内心而藏匿父亲"的行为当中。

当然，对受害人的关怀还表现为"几谏"的方式。"几谏"是隐秘地向父母谏言。子女不是采取告发的形式，而是让父母承认自己的错误，劝其自首。通过对父母的谏言，让他们醒悟过来，承认自己的错误，在这之中就有"义"存在。因此，包庇父母的行为是告诉我们"义"是基于内在的"仁心"的手段。应当做到既包庇父母，又为受害人的状况而担忧，持续地向父母谏言，让他们认识到错误。

第二，孔子所说的"在父母和子女之间可以看到的至诚的爱心中确认到义"，是针对普通人来说的。如果说"义"是在不同的时间和情况下重新规定的行为标准，那么根据情况父亲和儿子互相告发的行为就会被正当化。若是圣人，就能做到。圣人能在每一瞬间恰如其分地显露"仁心"，并且按照这个仁心实践正确的行为。所以如果看到父亲偷羊，就能够揭发父亲，让他受到惩罚。

但是不同于圣人，普通人经常会丧失本来的心。如果先告诉他们圣人的这种普遍之爱的最高境界，就有可能认识不到自己的能力，逾越过去。而且不认真学习，了解不到扩充"仁心"的方法，以至于自暴自弃。对于普通人来说，很容易在父母和子女之间的关系中确认到"仁心"。如果抑制源于天伦的自然感情，而去除"我们是一体"的本心，学习的根据就会崩溃，再也没有可以依靠的地方。因此，孔子认为忠实于极为自然的感情，把它扩大到整个社会是重要的事情。

孝是能够让所有人轻易且真心地实践人之为人的本质即"恻隐之心"的出发点。无条件的爱作为人的本质，基本上是在家庭关系中得到确认的。如果没有对父亲的犯法行为感到惋惜的心，这就会导致把人的本质误认为是独立的个体，极有可能会造成没有温情的社会的后果。

实际上，1966年—1976年在整个中国进行的文化大革命，就给个人和社会留下了很深的阴影。虽然被包装成一种理念，但是那个时期其实是一个黑暗时期。知识被贬值，暴力和互相监视、诽谤和告密、自我批判等整整持续了十年。在那段时期，人的正当性荡然无存，发挥仁义礼智的行为就是对自己的否定。留下无数牺牲者和伤痛的文化大革命虽然已经销声匿迹，但是它的伤痕就像刺在中国人的意识和家族史上的无法抹掉的纹身，依然存在。道德冷漠在蔓延，信任已经被瓦解。任何人都不干涉别人事情的旁观态度根源于自然的感情受到了压抑，只能通过法律制裁重建社会的恐怖。

就是这样，"义"是让"仁心"在不同情况下自然显现的正确的行为标准。这与肯定个体对欲望的追求，根据法律标准被动地承认社会成员利益相比，其出发点已经不同了。只有在不压抑流露在父母和子女之间天伦关系中的自然本心，把人原本具有的仁心作为基础，将其恰当地表现出来的过程里，"义"才会有所体现。

三、成为思想的刀锋

"不知命，无以为君子。"（《论语·尧曰》）孔子的这一宣言和"五十而知天命"的宣言如出一辙。孔子认为完成自己内在的德性，达到感受终级快乐和自由的圣人境界是君子毕生的使命。追求德的人不会被有限的物欲带来的短暂甜蜜所动摇。他的使命是笃信内在的本性去行"义"。这个使命即使在死亡面前，也不能放弃和停止。

这样实践"义"并不是为了得到别人的认可。不管别人认不认可，只是默默地做自己的事情。如此一来，为实现"义"而努力的过程有时会带来客观上的局限性。站在道路中间在废气的伴随下成长的松树与在智异山的深山中饱含天地的润泽而成长的松树，因为从一开始它们的环境就不同，所以形状和成长也是不同的。这种无可奈何的局限性，既不是愤怒的对象，也不是需要克服的对象。在这种情况下，自觉到自己的使命，不断地加以努力，即使遇到极限也决不放弃，这正是君子的选择。

在茶山丁若镛在流放地写给大儿子的信中，可以窥见到为了守"义"而秉持的坚定信念和勇于接受客观局限性的态度。

> 吾之归与不归，诚亦大事。然比之死生则小矣。人之为物，有时乎舍鱼而取熊。况于归不归之小事，辄向人摇尾乞怜，万一南北有忧，其不背君父而投犬羊者，能有几人？吾生而还故土命也，吾生而不能还故土亦命也。虽然不修人事，但待天命，诚亦非理。汝则修人事既尽，修人事既尽而终不能归，则是亦命耳。(《与犹堂全书》第一集诗文集第二十一卷《答渊儿(丙子五月初三日)》)

无论是志于私利还是志于"义"，都是自己的选择。为了冷静地判断和实践"时中"的价值"义"而奋斗一生的茶山，令后学们肃然起敬。能否从流放地解脱出来并不重要。只有相信"义"而遵循"义"，才是他的关注与目标。

偶尔有机动车驶向人行道，或者行人横穿马路的事情发生。由此再发展到恶性事故，不但会造成人员伤亡，而且道路也会在一瞬间变得一塌糊涂。这是放弃自己应当走的安全的路，而误入歧途的后果。孟子说，"义"是"人之正路"。当没有走这条路的时候，从内心里自动响起的警报声就是"羞恶之心"。"羞"是对自己的不正当想法和行为感到羞愧，"恶"是对他人的不正当想法和行为进行批判。"羞恶"让人控制自私的欲望，分辨自己应当走的路，自觉和实践"义"。孔子说：

> 群居终日，言不及义，好行小慧，难矣哉！（《论语·卫灵公》）

与许多人接触和生活是我们的日常。在这种日常生活中，从不谈及每一瞬间被恰当定义的"义"，费尽心机去追求私利，自以为聪明的人是典型的小人。对于这种人，教育他们改邪归正都很难。他们终究会招灾惹祸，遭遇困境。

人生中有很多时候会站在如何选择的十字路口。如果要在生命和"义"之中选择其一，许多人会选择生命。但是孔子却认为比生命更宝贵的是正直。人总有一天会死，但是失去正直的生活，就像失去"心"的生活。

思维决定言语和行动，影响习惯。所以每一瞬间要从思维开始，关注"义"，做"义"的行动。久而久之，就会在不知不觉间反复近乎"义"的言语和行动，遵循和实践"义"就会觉得舒服、愉快。让我们期待，从思维开始坚决地遵循"唯近于义，而从于义"的日常生活。

第四章

义的政治，登上舞台

政者，正也。（《论语·颜渊》）

一、孔子，投身政治

在三人以上的聚会里，谈论政治是一个禁忌。如果我们不顾及别人的表情，就向对方袒露胸怀，可能会造成关系上的疏远。有时会因为双方情绪激动，发生争执。更有甚者，还可能发展到恩断义绝的地步。

由于民主主义与社会主义的理念冲突、保守与进步的国论分裂、岭南与湖南的地区感情危机、首尔与地方的贫富差距增大、以及学历歧视、男女不平等等原因，我们的社会正饱受着各种折磨。在这种情况下，要想自由、健全地推进政治改革，似乎还很遥远。

所谓"政治圈"，是指高学历者和专家们聚在一起运营国家政治的集团。但是国民们对他们的态度却很冷淡。到了选举的时候，就更是如此。人们觉得无论谁当选，世界也不会改变。出于这种不信赖心理，他们认为与其参加投票，不如去郊外散散心。他们还抱怨说，政治家虽多，却没有可用之才，这些政治家为什么没有"到年限退休"。

早在2,500年前孔子活动的时代，不关心政治的现象就已经存在。避世隐居的隐者长沮和桀溺对耕田时遇到的孔子一行说，怎能改变这滔滔河水，劝他们与世界绝缘。还有人评价说，孔子是一个鲁莽的人，因为孔子即便不被别人认可也决不放弃，明知道是不可能的事情也非做不可。不仅如此，子路遇到的"荷蓧丈人"还嘲笑孔子说，连五谷都分不清、自己吃的食物都生产不出来的人能算什么老师。

孟子描述，孔子的时代是"无道"的世界。"世衰道微，邪说暴行有作。臣弑其君者有之，子弑其父者有之。"(《孟子·滕文公下》) 社会经济基础的动荡导致社会秩序的崩溃，一味追求富国强兵却导致社会混乱，生活于这一激变时期之中，也许隐者们的选择是理所当然的。但是孔子的态度却很坚决，他说："鸟兽不可与同群，吾非斯人之徒与而谁与？天下有道，丘不与易也。"(《论语·微子》)

《论语》里有许多言及政治的内容，孔子也认为参与政治是自己的使命。13年来，他拖着年迈的身体周游天下也正是因为这个原因。若是国家太平，他就没有必要辗转异国他乡，饱受饥寒交迫的困苦，不得不置生死于度外。孔子非常自信地说："苟有用我者，期月而已可也，三年有成。"(《论语·子路》）他确信只要任用自己，短短一年就能纠正国家的弊端，修复崩溃的纪纲，见到一定的效果；三年就能取得军事强大、财物丰盛、教化大行的成果。

政治的目的在于"利天下"。所以君子作为领导者，首先要修养自己。当子路问到何谓君子时，他说："修己以敬，修己以安人，修己以安百姓。"（《论语·宪问》）孔子的回答是说，如果能自始至终不放弃修己，则能够实现安定而和平的世界。就是说，君子之德不是心灵以外的事情。只有以修己的敬为中心，戒慎恐惧，才能回复心之明德，只有推此心才能有利于周围的人。

然而孔子的梦想得以完全实现的社会，除了尧舜时代，还尚不存在。也许是因为这个原因，有人说孔子的政治是理想性的、非现实性的。不仅如此，还批判他的主张是标榜上命下服的垂直式权威主义，是强迫人忠诚于为政者、固化身份制度的封闭社会。这究竟是不是孔子想要实现的世界呢？

二、这就是政治

(一) 以人为先

为朝鲜的建国奠定思想基础的郑道传，他的愿望使朝鲜成为实现儒教核心价值"仁义礼智"的理想社会。正因为如此，他把进出都城的四大城门命名为"兴仁之门"、"崇礼门"、"敦义门"、"弘智门"。而且作为离宫，创建昌德宫，将主管王的即位仪式和王妃册封礼、朝臣贺礼，以及接见外国使臣等主要事务的正殿命名为"仁政殿"。他期待的是仁政的实现。

"仁义礼智"源于《孟子》。"恻隐之心，仁之端也；羞恶之心，义之端也；辞让之心，礼之端也；是非之心，智之端也。"（《孟子·公孙丑上》）通常把"端"字解释为"端倪"。从"四端"也就是人所具有的四种感情类推，可以看出我们的内心里本来就拥有至善之心的种子即"仁义礼智"的存在。正因为如此，我们才会对别人的处境和情感产生共鸣，当看到别人做不该做的事情时，还会像自己做的事情一样，感到惋惜或者愤怒。

有一天，齐宣王正坐在堂上休息，有人拉着一头用于衅钟仪式的牛从他面前走过。"衅钟"是在大钟上涂抹牛血的国家仪式，需要把为祭祀而饲养的珍贵的牛当做祭物来使用。可是，当宣王看到被牵走的牛因害怕而颤抖时，却下令让人让放了它。因为他不忍心看到这头无辜的牛因恐惧而浑身发抖。王下令以羊代替牛来举行衅钟仪式。于是百姓们谴责王，他们觉得王是因为爱惜牛而换成羊的。从王的立场来看，不了解自己心意的百姓们实在太无情，他觉得自己很委屈。

对这件事情，孟子安慰说，王以羊代替牛不是因为爱惜牛，而是因为可怜牛。就是说，因为他看到了牛而没有看到羊。齐宣王感谢理解他的孟子。可是，孟子又马上反问他："如今大王的恩惠都已经施行到禽兽身上了，可是功德却体现不到百姓身上，这是什么缘故？百姓们现在得不到大王的保护，是因为大王没有使用恩惠啊。"他实际上是在谴责王，为什么能可怜被牵走的牛，而不能挽救因饥饿而死去的老百姓。

孟子认为每个人都有一颗"不忍心伤害人的心"。这正是王对在自己面前发抖的牛所产生的怜悯之心。若能扩充这颗心，用它来对待百姓，怎能不理睬被饿死、冻死的百姓们的痛苦？若能把百姓当成自己的骨肉，就会为他们的困境而惋惜，用心去让他们感到幸福和快乐。孟子举出文王实施的政治，来说明"仁政"："老而无妻曰鳏，老而无夫曰寡，老

而无子曰独，幼而无父曰孤；此四者，天下之穷民而无告者。文王发政施仁，必先斯四者。"（《孟子·梁惠王下》）

单从肉体上看，人是一个具有个体性和独立性的存在。然而，就像腹中的胎儿和母亲通过脐带被连成一个整体一样，人与人之间也通过"仁"有机地联系在一起。因此立志于圣学的人，他的人生目标就是通过"仁"的实践来完成人之为人的本质。特别是人人皆所具之"仁心"，可以在父母和子女之间流露出的慈爱和孝诚之心中得到确认。我们把它称之为"天伦"，因为天伦关系中留有"我们"这种合一的观念，所以"本心"作为人之为人的根据，会自然而然地体现出来。

把天伦关系中自然流露的无限信赖和爱心逐渐扩大到人伦的最大范围"天下"，这就是孔子所谓的"政治"。只是进入政治的现场实施政治并非孔子的政治。在孔子看来，家人之间的亲爱和友爱是政治的出发点，通过这个起点能够实施真正的政治。

或谓孔子曰："子奚不为政?"子曰："《书》云：'孝乎惟孝，友于兄弟，施于有政。'是亦为政，奚其为为政?"（《论语·为政》）

就是这样，政治是在每一瞬间确立和实践天伦关系中所呈现出的慈、孝、弟，并由此扩大到全天下的行为。《大学》所说的"君子不出家而成教于国"也是说把天伦扩大到人伦的时候，就能实现真正的政治。

因此，破坏"亲亲"的家庭秩序和"爱人"的社会秩序的人群就是社会的毒瘤。这些人群的代表即是杨朱和墨子之流。孟子说："圣王不作，诸侯放恣，处士横议，杨朱、墨翟之言盈天下。天下之言不归杨，则归墨。杨氏为我，是无君也；墨氏兼爱，是无父也。无父无君，是禽兽也。(《孟子·滕文公下》)

在孟子看来，这两种人群都是破坏家庭和社会共同体的主谋。杨朱认为只要自己幸福就足够了，因此即使拔下一根毫毛就能利天下，他也不会做。无论别人怎样，自己漠不关心。在他眼里，为共同体而献身或牺牲是没有意义的行为。对于这种人来说，个人伦理或社会、国家共同体的公共伦理不过是一种束缚。因为他们否定以王为中心形成的社会和国家，所以他们的思想就是"无君"。

另外，墨子主张同等地爱护所有的人。他说，就算摩顶放踵，只要能利天下，就应当去做。因此他高呼"兼爱"，要求同等地爱护所有人。但是对我的父母和别人的父母、我的子女和别人的子女给予同等的爱，就意味着否定以

"亲亲"为基础的家庭伦理的，这无疑是对家庭共同体的破坏。这正是孟子将他们的思想视为"无父"的理由。

"爱人"并不是撇开我的父母子女，去爱别人的父母子女。应该明确区分本末和先后，每时每刻虔敬地体察自己的心，依照本心首先爱护自己的父母和子女。然后把此心扩大到邻居，进而爱护所有的人。这才是爱有差等的实质，其出发点就在于"亲亲"。

如此看来，如果以本心为依据，天下最容易的事情就是政治。政治上的技巧和渊博的知识、国情的运作能力、大胆的外交手段固然重要，但是无论如何首先要做的都是把对父母和子女之间的爱心扩展到国家，并坚定不移地去实践。为此，应该把国家的成员当成自己来对待，应该为他人的处境感到担忧，关怀和同情他们，鼓励他人成为正直的人，如此才能辨别是非，实现人之为人的世界。还要时常地省察自己，修养自身。茶山所谓的"君子之学，修身为半，其半牧民也"(《牧民心书·序》) 也是在说明，不懈的修身是实践政治的基础，用通过修身而确立的仁心来治理百姓是君子毕生应当肩负的使命。

（二）用德指挥世界

"金声玉振"，孟子赞叹孔子的人生好比管弦乐团的音乐，极其和谐而美丽。从金声开始的演奏，到最后以玉振结束，各种乐器形成了和谐的音乐，孔子的人生也是如此。该离开的时候离开，该停留的时候停留，该做官的时候做官，该隐居的时候隐居，他的行动总是那么合乎时宜（时中）。就像音乐因和谐而达到完美境界一样，孟子推崇孔子的原因就在于他的人生即是一种集大成。

音乐具有惊人的力量，就算是刚愎自用的心，也能被音乐调和。1975年的委内瑞拉，由于长期以来的内战，只能听见枪声。在一个破旧的城市里，有一个用乐器代替枪炮，与命运抗衡的奇迹般的管弦乐团。这个乐团最初由11个孩子组成，到了2015年，已经发展成拥有400多个中心、由70万以上练习音乐的青少年儿童组成的实现梦想的地方。以此故事为蓝本诞生的《El Sistema——音乐带来希望》电影，感动了全世界。管弦乐团的经验告诉我们，孩子们在各自的位置上端正自己的行为，与他人和睦相处有多么重要。音乐能让孩子们与奇迹相逢，从而体验到整个人生的转变。是音乐改变了人，改变了世界。

管弦乐团的指挥者可以使部分和整体融合在一起。

一百多名的演奏者是否能和谐地演奏好一首乐曲，完全取决于指挥者。如果只是集中在个别的几个乐器上，或是陷入自己的感情中跟不上节拍，那么演奏出来的声音就只有难听的噪音，而没有悦耳和谐的声调。演奏者也要准确地领会指挥者的示意，充分发挥演奏的细节，从而达到和谐的状态。无论指挥者还是演奏者，只有当他们在各自的位置上正确行动并顾全整体时，才能拨动观众们的心弦，产生共鸣。

政治也要像管弦乐团一样与世界形成和谐的关系。我们把世界上所有的存在都能和谐共存的理想政治称之为"德治"。孔子说："为政以德。"(《论语·为政》) 德是内在于人心中的仁义礼智的自然显现。假如君王能修养自己，以德治理国家，百姓们就能向心于君王。当君王爱护百姓，率先垂范，以身作则的时候，百姓们就能发挥自己的作用，国家也会"无为而治"。这就像北极星只需在自己的位置上一动不动，无数个星星就能围绕着它运行不辍而不失毫厘一样。

"以德治国"并不是说只需要君王一个人就能确立起德性进行统治。为政者施政以德，被教化的百姓能依据内在的道德准则自觉开展行动，只有当这种诚信社会建构起来的时候，德治才有可能实现。所以孔子说：

道之以政，齐之以刑，民免而无耻。道之以德，齐之以

礼，有耻且格。（《论语·为政》）

依靠制度和法律所治理的国家，人们会利用制度上的漏洞巧妙地逃脱法网。只要不与法律抵触，即使做了不正当的行为，也丝毫不觉得羞耻。被抓到了是运气不好，得手了就是运气亨通。令人吃惊的是，孔子的判断在今天也依然有效。

无论多么完善的政治制度，制度总是会带来各种各样的问题。让我们以民主主义之花"选举"为例。每4、5年我们都要选举能够反映自己意见的政治家，把权限委托给他。可是选举制度却引发了许多争议。人们不断地提出疑问：选举究竟能否如实地反映民意？虽然政府也正视这些问题，并不断对制度进行修正和完善，但是制度的局限性依然存在。

孔子并不认为判断的时候应该排除主观性。"众恶之，必察焉；众好之，必察焉。"（《论语·卫灵公》）不能因为所有的判断都是以多数表决为原则，就认为自己的好恶也需要依照多数人的意见。应该在了解民意的基础上，确认它是源于明德之心的天心，还是源于私欲的私心。依照本心的判断似乎是主观标准，但是它却与客观的法则相通。因此，即使违背大众的意见，只要是依照明德之心而做出的判断，也就符合了"义"的标准，就要勇敢地付诸于行动。

法律也同样如此。对于曾经经历过一段由少数贵族和统治阶级垄断政治时期的人们来说，引进在法律面前人人平等的法治，未尝不是一个好消息。他们以为，制定和执行强有力而公正的法律，是保障个人自由和权利的最基本的安全措施。可是从立法到司法过程，法都掌握在具有权力和经济能力的少数人手中。同样一个法律，适用在没有能力和背景的人身上就会很严厉。由于法的执行丧失了公正性，所以弱者们的意见很大。

　　用德来引导人意味着，矫正行为的标准不是外在的，而是内在的自律标准"义"。有人指出，因为德治依赖的是道德自律，所以缺乏强制性。但是，为建立关系而确立起的"礼"与法不同，它存在于蕴涵着强制性和约束力的明德之心中。例如家里来了客人，主人会在欢喜之余，亲自走到门前迎接，等大家都坐了下来，主人会和客人一起吃饭，对长辈使用敬语，也会和同事们亲切问候。这些行为不是出于对处罚的恐惧，而是本心的自然流露。"礼"正是这种具有自觉形成温暖的社会文化的力量。

　　还有人认为，"礼"是一种压抑自然思考和行为的繁琐程序。竹子在成长的时候，为了经受住强烈的风雨，会在适当的位置生出竹节。同样，为了在时刻发生的不同情况下形成和谐的关系，人的行为方式总是在被重新组合。正如在登山的时候需要沿着安全的路走，当我们沿着"礼"这条路走的时候，就会感到安全和舒服，并做出自然的行动。

德治和礼治是通过内在的自律性和自发性以期实现理想的有效系统，能够弥补复杂而巨大的尖端社会里法律和制度所带来的局限性。从这一点来看，它们可以成为引导我们社会和政治的新的未来。

三、既正且义

（一）正名，不同的和谐

季康子向年老的孔子问政治之道，孔子对他说："政者，正也。"（《论语·颜渊》）大夫季康子是当时鲁国的实权者，他利欲熏心，妄想成为诸侯，竟然谈论不该谈的政事。孔子是为了提醒他认识到自己的错误而向他直言的。

在孔子年轻的时候，季孙氏家族中的季平子在自家的庭院里，让人表演了只有天子才能举行的"八佾舞"。季平子作为大夫，本应举行四佾舞。但是由于当时的鲁国是由鲁桓公的后代三桓掌握着实权，所以他就肆无忌惮地做出违背礼法的事情。孔子说："不在其位，不谋其政。"（《论语·泰伯》）认清自己的位置和本分，自觉去实践适合自己位置的事情，这就是"正"。

年轻时，孔子在齐国遇到景公。当景公问起政治时，孔子要求他正名：

君君，臣臣，父父，子子。（《论语·颜渊》）

当时的齐国不仅赋税过重，而且刑罚残酷。景公身边都是阿谀奉承的奸臣之辈，政治混乱是当然的事情。他还赶走大儿子，立妾室所生的儿子为太子，家庭秩序也是混乱不堪。"君君"作为主语和谓语的组合，意思是说君王要尽君王的道理。"臣臣、父父、子子"也是说应该在各自的位置上忠实于自己应尽的职责。孔子是在对景公强调，应该摆正君臣关系和父子关系，从而使其名正，"正名"就是孔子政治的核心。

只有在尊重自律性的同时追求关系中的和谐，才能完成"正名"。就像阿卡贝拉合唱团虽然没有音乐伴奏，但每个人却在用特有的音色发出细腻声音的同时，与整体融合在一起，从而形成和谐的声音。以"不同"为前提完成"和谐"的、以关系为中心的文化的理想是，在各自的位置上使名分与实质相符。如果做不到这一点，秩序就会紊乱。孔子认为如果在名不正时去施行政治，其结果就是社会混乱。

> 名不正，则言不顺。言不顺，则事不成。事不成，则礼乐不兴。礼乐不兴，则刑罚不中，刑罚不中，则民无所措手足。（《论语·子路》）

"名"是根据每个主体的作用而确定的名称。所以有了"名"，就要有符合这个"名"的能力、行动和责任。不仅君王和大臣等社会之"名"如此，父母和子女也是如此。当能力不足或缺乏与名相符的责任感时，信赖的程度就会降低，在这种情况下即使命令也无济于事，社会秩序与和谐也会遭到破坏。刑罚的适用不得当，也会造成混乱的社会。这正是孔子把正名视为政治的理由。社会成员的名副其实是安定和平的信赖社会的出发点。

（二）不存在"空降兵"

孔子把君王和百姓的关系比喻为草和风的关系。当一阵风吹过宽广大地上绿油油的大麦地时，麦穗便顺着风的方向倒下。《大学》说，尧帝和舜帝治理天下的时候，以"仁"引导百姓，百姓们受到感染，会仿效他们。相反，桀、纣以暴恶治理天下，因而百姓也跟着变得暴恶。根据组织的不同领导者，成员们的状态也会发生改变。因此，领导者具备德性比任何事情都重要。当领导者端正自己的行为，成为所有人的典范时，王道政治就将开始。

一个具备德性的君王，应当把挖掘人才作为政治的真谛。人才是辅佐自己的政策，实现仁政的核心。《书经》里讲述了尧帝任用人才的事例：建立起和平社会的尧帝为了甄选继承人，征求大臣们的意见。有人推荐他的长子丹朱，但是尧帝要找的是世上的人才，与身份无关。最后他得到了舜帝。拔举了舜的尧帝，把教育、行政和外交交给他处理，测试他的能力；还把他送到山里，考察他如何应对无法预测的危机。测试完所有的事情，才将天下禅让给他。统治是人的事情，选拔正确的人才比任何事情都重要。

统治者哀公向年老的孔子请教如何让百姓们追随自己的方法。孔子强调，挖掘人才是政治的真谛。"举直错诸枉，则民服；举枉错诸直，则民不服。"(《论语·为政》) 如果选用了正直的人，那么为了自己的利益而使用奸计的人们自然就会疏远。这就是百姓们会信赖而追随的社会，也是一个治理好的社会。

只有当君王自觉地确立起本心的时候，才能判断出人的言语和行动是否正确，唯贤是举才有可能。即使确立了本心，但是如果不能判断周围人的推荐与责难是否合理，录用贤才还是会失败。因此，要同时具备看清人（知人）的眼睛、使用人（用人）的能力和爱惜人（爱人）的心灵。这时才可以得到人才（得人）。孟子对选拔贤者时应当注意的几点这样叙述："左右皆曰贤，未可也；诸大夫皆曰贤，未可也；国人皆曰贤，然后察之；见贤焉，然后用之。"(《孟子·梁惠王下》)

为了一己私利而伤人之能人，会像一块吸水的海绵那样陷人于不义，让对方一点点陷入困境。在向别人倾诉自己的委屈时，如果说得太慢，就不能打动别人的心，所以这种人的语气会表现得非常急切，好让听的人觉得他很可怜。孔子说，只有不受这种巧妙手段的蒙骗，会分辨奸邪的人和正直的人，才可谓是"贤明"。(《论语·颜渊》)

(三) 大臣，以义理为标准

栗谷在历任弘文馆教理的时候，受到"赐暇读书"的待遇。所谓"赐暇读书"，是指选拔出年轻有为的人才，并让他在一定时期里脱离政务，专心于学问的制度。栗谷就是在这段时期里，撰写出了论述儒教政治核心的文章《东湖问答》。当时，在汉江渡口的附近有个"赐暇读书"的场所，叫做"东湖读书堂"。《东湖问答》是以假想的来到这里的客人和主人之间进行问答的形式写成的。这本明确说明了可以洞见和实现儒教政治核心的具体方案的大著，竟然在他34岁就完成了，真是让人难以置信。

在第二章《臣道》中，栗谷说："士之兼善，固其志也。退而自守，夫岂本心欤？时有遇不遇耳。……自度学不足而求进其学，自知材不优而求达其材，藏修待时，不轻自售者，学者也。学者虽遇明时，苟於斯道，有所未信，则不敢轻进焉。"人臣的先决条件仍然是确立起"义"进而扩充"德"。然而重要的是，把它作为基础，及时判断进退的时机，采取与职分相符的行动。孔子说：

> 笃信好学，守死善道。危邦不入，乱邦不居，天下有道
> 则见，无道则隐。邦有道，贫且贱焉，耻也；邦无道，富且
> 贵焉，耻也。（《论语·泰伯》）

"笃信好学"，是说笃实地相信内在于心中的"义"，并认认真真地学习。一旦忽视了"义"的存在，人就只能局限在表面的欲望上，这时周围的事物就只能沦为空壳。还会让人产生一种"不能占有就是不幸，我是一个失败者"的错觉。原来以为只要满足了欲望，就能获得自由和幸福，但是空虚

感和孤独感反而越来越深。因此要致力于内在德性的确立。

如果发现道行天下而和平世界即将实现的征兆，就应该积极发挥自己的才能。即使看到了有望实现的世界，依旧只是顾及个人的安危，这是不义的行为。相反，当天下到处都是小人之辈，政治已经大错特错的时候，还想走向政治，占据一席之位而获取私利的话，这也是错误的。此时必须退出政治，洁身自好，明哲保身。

如果不是为了实践"义"而顺其自然地生活，而是为了谋求个人的利益而参与政治，那么即使被任用，进而担负某种责任，这些人也会为了利益而偏党，甚至引起纷乱。朝鲜后期的政治家们正是这样。朋党政治沦为党派斗争，那些人沦为自己家族和地区利益的代言人。百姓们对他们感到失望，产生了幻灭感，终于到了国家灭亡的地步。

假如真是一个志于圣学的儒士，那么获取政治地位则不会成为目标。在德的确立与实践过程中，政治是必然的选择。于是，当世间浑浊或统治者以残暴威胁天下时，儒士就应当站出来呐喊并努力改变这种局势。当齐宣王请教孟子"汤王放桀"、"武王伐纣"时，孟子这样说道：

> 贼仁者，谓之贼，贼义者，谓之残。残贼之人，谓之一夫。闻诛一夫纣矣，未闻弑君也。(《孟子·梁惠王下》)

危害"仁义"的人不是君王，只不过是一个残忍的盗贼。更何况用虐政残害百姓的君王。孟子还说："君有大过则谏，反复之而不听，则易位。"(《孟子·万章下》) 孔子也要求"杀身成仁"。这些都是为了用德引导百姓，以期形成以信赖为基础的社会。

站在君王的立场上，孟子的"易位"之说不会受欢迎。或许正因为如此，汉代以后，虽然孟子重新受到重视，但还是出现了《孟子节文》，即删掉与"易姓革命"相关的句子，以便于统治。

正是这样，君王与大臣、领导者与老百姓的关系，不是单方面的权威关系或垂直关系，而是在彼此站在自己的位置上，忠实地履行自己的职责，并依据内在的"义"来维持紧张感的关系。因此，互相监督的互补性是其关系的本质。就此而言，为了实现仁政而正其名分的"正名"乃是其核心。

四、家庭的社会化，理想政治

拥有领土、国民和主权的社会组织被称之为"国家"。这与在地理或领土立场上所说的"country"，还有在民族和国民观点上所说的"nation"，以及在政治和政权方面所说的"state"是有差异的。"国家"是一个包含着"家族"的概念，"国家"是所有存在于其中的人们像家族一样，在信赖和爱护的基础上和谐相处的地方。所以儒学把政治领导者称之为"民之父母"。

孟子对"父母般"的君王，这样说道："今王田猎于此，百姓闻王车马之音，见羽旄之美，举欣欣然有喜色而相告曰：'吾王庶几无疾病与，何以能田猎也？'此无他，与民同乐也。"（《孟子·梁惠王下》）如果君王和百姓分享快乐与悲伤，百姓就会和君王一起同乐。当君王建造灵台的时候，百姓们就会像子女帮助父母一样主动来帮忙。有吃的就一起吃，有好的就一起高兴，这是因为他平时"与民同乐"才可能的事情。那时，孔子所梦想的世界才能实现。这正是"老者安之，朋友信之，少者怀之。"（《论语·公冶长》）的世界。

美国气象学家爱德华·诺顿·罗伦兹（Edward Norton Lorenz）提出了"蝴蝶效应"的主张。就是说，在巴西的一个蝴蝶扇动翅膀，导致了美国德克萨斯州的一场龙卷风。就像单纯的一个蝴蝶扇动翅膀，就能改变天气，并引起一场大风一样，世界的变革也是从微小的行动开始的。让不流动的海水不腐烂的是3%的盐分。同样，要想让世界不腐败，就需要社会成员们在各自的日常生活中实践"明"。当实践成为信赖与爱护的常识时，我们所希望的理想社会就将成为现实。在这个世界的中心，就有"义"存在。

第三部

礼

—

确立文化

第五章

学礼才能生存

不知礼，无以立也。（《论语·尧曰》）

一、礼，生活秩序

（一）礼是否约束人？

在包括韩国在内的东亚国家，"无礼"一词含有"轻蔑"的意思。我们说某个人无礼，是在议论他的地位或学识高低之前，对他下的一个社会性判断：你做人的基础出了错。因此，无礼的态度会对基本的人际关系和社会生活带来很大的不良影响。无知是可以弥补的，但是因无礼而产生的关系恶化是难以恢复的。礼是人们在社会生活中应当遵守的规范形式的总称。

然而在追求个人不同价值的现代社会里，礼可能会给人陈腐或烦闷的感觉。这是因为错把礼当作了一种束缚和形式的社会氛围，而不是因为不知道问候是关系的开始、排队是基本的秩序。在做也行、不做也无妨的社会氛围下，自觉自愿地下决心去行动并不容易。尽管如此，没有礼能生存吗？既然我们已经处在社会关系网络之中，不也就意味着礼是社会活动的基本原则吗？

礼是为改变自己而进行的道德实践的出发点。孔子所谓"不学礼，无以立"的教诲就位于其中。因此儒学强调，通过礼的实践可以使人具备做人的基本和人之为人的品格。

从词源上看，礼的起源是为神灵举行的祭祀。"禮（礼）"字是由"示"和"豐"组成的象形文字，意思是摆上丰盛的食物，为祖先举行祭祀。"示"字是"神"字省略了的右半部的字。它通过一条从天上直射下来光线这种神圣的形象来表示神。"豐"字下半部的"豆"字象征着举行祭祀时使用的祭器，上半部的"曲"字则代表着装在器皿里的祭物。就是说，礼字本来的意思是把祭物装在祭器里献给神灵的恭敬之心。

礼的核心是"无不敬"（《礼记·曲礼》）。这与诗人说纯正之心"思无邪"同出一辙。献给神灵的祭物不是单纯的祭物，而是从心底里发出的恭敬之心的表现。随着社会日趋复杂，礼的这种含义也在逐渐扩大。它意味着对伦理性礼仪、社会性规范、政治性法制等阶层秩序进行差别化的社会秩序。《中庸》对礼产生的原因这样解释：

"亲亲之杀，尊贤之等，礼所生也。"（《中庸》）

无论是基于血缘关系的亲人社会，还是素不相识的陌生人，礼都是形成人与人之间正确的关系与秩序的核心准则。然而在今天，我们社会的主要形态是由父母和子女构成的核心家庭。因此当亲戚们聚在一起的时候，经常会因为不知道自己和对方的关系而不能正确地称呼对方，参加亲属之间的聚会也显得尴尬而别扭。

　　过去在血缘关系的基础上对亲属关系进行范畴化的礼法制度是根据对方与自己的关系来制定辈分，并将它用在丧服制度上。因官职的品阶或作用不同而形成的社会关系上的等级，也严格地按照礼法制度进行了体系化。其结果便是被称为"三礼"的《周礼》、《仪礼》、《礼记》。《周礼》将包括国家礼仪在内的整个社会制度分为五个方面，《仪礼》对冠礼、婚礼、乡饮酒礼、乡射礼等行为规范进行了体系化，《礼记》则收录了日常生活中所需的规范和价值。

　　不仅如此，礼作为国家秩序的根干，囊括了日常人际关系中的语言与动作、服饰与饮食等诸多方面。我们所熟悉的人生过渡仪式—冠、婚、丧、祭的规范，也在朱子编撰的《家礼》基础上，经历了时代的变迁。四书中的《大学》和《中庸》原本也是收录在《礼记》中的篇章。

　　然而礼之中，既有随时代变化的礼，也有不随时代变化的礼。与服饰或饮食、语言等表面性的礼仪因反映时代特色而总在变化相反，表达恭敬之心的礼仪，即使时代变迁，也不应发生变化。我们可以在孔子身上看到这种礼。

子曰："麻冕，礼也；今也纯，俭。吾从众。拜下，礼也；今拜乎上，泰也。虽违众，吾从下。"（《论语·子罕》）

"麻冕"是使用从苎麻的茎皮中抽出的丝线制成的，所以要费很多工夫。当时正流行用生丝制作的冠，生丝既美又柔，制作起来又非常容易。虽然不是古礼，但是孔子还是跟从大家戴了生丝做成的冠。这反映了跟随时代的潮流变迁之礼。然而还有一种礼是不能变的。这便是恭敬之心。在礼已经崩溃的当时，出现了一股专横势力，他们甚至无视国家的秩序。不仅身为大夫而行天子之礼，而且无视应该在堂下向长辈行礼的基本礼仪，只在堂上行礼。对此孔子说，就算有很多人遵循这种礼仪，自己也要遵循古礼。他所重视的是不违礼之核心——恭敬。

另外，礼的形式还会根据地区和家庭的不同有所变化，因此不能固执地坚持己见。孔子去太庙的时候，就发生了这种事情。当孔子一一请教有关祭祀的事情，有人就嘲笑他，说道：

"孰谓鄹人之子，知礼乎？入大庙，每事问。"子闻之，曰："是礼也。"（《论语·八佾》）

太庙作为供奉鲁国始祖周公的祠堂，是行天子之礼的地方。礼仪专家孔子到了那里，人们以为他会有条不紊地行礼。可是孔子却一一请教。孔子的行动让他们无法理解。因为孔子重视的是礼仪、真诚与和谐，所以才向主持祭祀的人一一请教，以表达恭敬之心，与他们形成和谐的关系。如此，礼是为了与他人合为一体而做的行为，也是"仁"的外在表现。

孔子为了实现仁而强调礼，孟子则把礼和仁义规定为一种人的本性，到了荀子尤其重视礼。荀子认为，礼的起源是圣人为了维持社会秩序而施行的教育。按照荀子的主张，人生来就有欲望，相反财物却是有限的。因此，人会为了获取自己想要得到的东西不惜与人争斗，结果社会变得混乱和刻薄。有鉴于此，先王试图通过制定礼仪来设定每个人的职分，以此调节人的欲望进而谋求社会的安定。就是说，先王所制定的礼法是通过防止欲望的冲突来维持社会秩序的手段。

儒家的特征——"礼"成为了当时墨家和法家批判的对象。特别是强调兼爱、勤俭和劳动的墨家批判说，要求长期穿丧服的儒家的丧礼是为了死人而伤害活人的繁琐的风俗。二十世纪初，鲁迅也在《狂人日记》中抨击，儒学是"吃人的礼教主义"。这其实是对后世丧失礼的精神，只剩下形式的虚礼的批判。

（二）社会关系的导航仪

孔子强调要用礼来确立自己。因为如果学不到礼，就不能在人际关系上正确发挥自己的作用。虽然儒家的礼仪形式有时因过于具体而显得复杂，但是这种形式反而又会使人感到舒服。在公共场合下，上座要安排在什么位置、在长辈面前手势应该怎么做、视线要放在哪里等等都很具体。不学习就不知道，不知道就会失误。这正是在不同情况下需要不同的礼仪形式的理由。"治国而无礼，譬犹瞽之无相与？伥伥乎其何之？譬如终夜有求于幽室之中，非烛何见？若无礼则手足无所错，耳目无所加，进退揖让无所制。"（《礼记·仲尼燕居》）真是恰如其分的比喻。礼能使这种尴尬的情形变得自然。礼为人们提示了在陌生的人际关系中维持品位的方法。因此，如果没有礼，就很难期待人作为一种社会性动物而应当具有的尊严性。

另一方面在政治上，比起法治孔子更为强调的是礼治。这是因为他把蔓延在春秋时代的社会秩序的崩溃归咎于礼的丧失。当时鲁国的实权者季氏的身份是一个大夫。他不顾自己的身份，在自家庭院里表演了象征天子的礼乐"八佾舞"。八佾舞是由八列八行的六十四名舞者，手持象征文和武的舞具进行表演的舞蹈。随着身份等级的降低，舞者的人数也将减少。诸侯是六列六行的六佾舞，大夫是四列四行的四佾舞。可是身为大夫的季氏却肆无忌惮。他用八佾舞来展示自己强大的地位和权力。于是孔子叹息，若是大夫对表演天子舞蹈的这种放肆行为无所顾忌，那么还有什么事情做不出来。具有讽刺意味的是，慨叹季氏表演八佾舞的孔子，在很久以后竟然被人们以八佾舞的礼乐形式进行祭祀，而且还是以"大成至圣文宣王"的圣人资格被人祭祀。

孔子不仅对礼在形式上的崩溃感到惋惜，而且还对礼本质的丧失感到痛心。他的弟子子贡想去掉每月初一在祖先的祠堂里作为牺牲使用羊的"告朔之礼"。儒家的传统是按照自然节气，重视初一和十五。每年腊月，天子分给诸侯们明年的月历，诸侯们收到月历后暂时先放在祖先的祠堂里保管。到了正月初一那天，宰了羊在祠堂里举行祭祀，然后取出月历向百姓们颁布。这就叫做"告朔之礼"。

在当时，实行月历是崇尚天子和祖先的大礼，是一个非常重要的活动。可是到了文公时代，却变成了君主不参与，只是献上饩羊的形式上的活动。所以子贡认为它没有实用性价值，主张废除这个制度。在他看来，这一过程只不过牺牲了无辜的羊。孔子对没有感受到礼的本质的弟子感到惋惜。他说："赐也！尔爱其羊，我爱其礼。"（《论语·八佾》）

孔子关注的一点是，虽然礼的精神消失了，本来的形式也不见了，但是献上饩羊的告朔之礼还依然存在。只要还有献上饩羊的形式存在，那个礼就能被人们记在心里，总有一天能够恢复礼中蕴涵的精神。因此，孔子对想要去掉告朔之礼的子贡感到惋惜。孔子重视的并不是一只羊，而是礼的本质。若是能拯救礼的本来精神，就能恢复崩溃的社会秩序。这正是孔子的洞见。

二、心为身而身为心

(一) 心，图画纸的白色质地

在孔子时代，不仅礼仪崩溃，音乐也紊乱，过于华丽。礼遗失了恭敬，乐丧失了和谐。孔子对礼乐失去本来面目而追求形式提出了问题。

"礼云礼云，玉帛云乎哉？乐云乐云，钟鼓云乎哉?"(《论语·阳货》)

孔子说明礼乐的时候，有时把二者分开，有时把二者合并。如果说礼是对社会生活的次序和等级的规定，那么乐就是让次序和等级达到和谐的状态。所以，礼和乐就像硬币的正面和背面。孔子并不认为互相赠送玉帛这种形式上的讲排场是一种礼仪，单纯的钟和鼓的演奏只不过是一种音乐。在他看来，外形固然是必不可少的，但是一旦缺少实质则会与礼乐的基本精神产生差距。我们可以看到，孔子重视发自内心的礼乐这种本原性的想法。这种想法可以浓缩为一句名言："绘事后素"。

子夏问曰："'巧笑倩兮，美目盼兮，素以为绚兮。'何谓也?"

子曰："绘事后素。"

曰："礼后乎?"

子曰："起予者商也，始可与言诗已矣。"(《论语·八佾》)

子夏认为，"巧笑倩兮，美目盼兮"这句诗是对装扮以前美丽容貌的描述。但是他好像没有理解"素以为绚兮"的意思。白色也是彩色之一。在子夏看来，用"白色"装扮与自然感是有距离的。孔子对他说：绘画这种事情，只有准备好了白色质地，才有可能进行。酒窝［倩］和黑眸子［盼］确实很有魅力。但那是因为有笑容和眼睛这两个质地。在笑容和眼睛的基础上，酒窝和黑眸子的美丽显得更加突出。如果没有"巧笑"和"美目"，酒窝和黑眸子是没有意义的。让我们想象一下，只有酒窝和黑眸子的情形，该有多么可怕。这一比喻向我们说明的是，首先要有美好的心灵这个质地，然后加以外形上的装扮，这样才能展现真正的美丽。

　　《论语》中引人注目的当然首推孔子的智慧，但他的弟子们提出的尖锐问题也非同小可。"绘事后素"也是如此。子夏通过"绘事后素"提问：外在的表现能说是本质上的美丽吗？他洞察到礼的本质不止限于外在的修饰。反而可以通过试图掩饰华丽外表的内心看到其真实性。君子从不吝惜在华丽的锦衣外面套上一件薄单衣的细心安排。就像一股幽幽的兰草芳香，既清淡又不腻。但是在今天，比任何时候都重视自我宣传。小小的一件事情，也要夸大其词，炫耀自己有多么了不起。可是一旦暴露出自己的实际能力与虚张声势不同，甚至露出底线时，就会成为人家的笑柄。因为君子从不显露自己，所以乍看起来似乎很平凡，没有能力。然而时间久了，凝聚在内部的力量就会显露出来，逐渐变得清晰，光彩耀眼。正是它让酒窝看起来更漂亮，乌黑眸子更闪亮。

对于只重视形式而装饰外表的世态，孔子很不满意。当林放问礼的根本是什么的时候，他马上称赞这是一个很好的提问，然后说：

"礼，与其奢也，宁俭；丧，与其易也，宁戚。"(《论语·八佾》)

孔子提出，礼的根本不是区分奢侈与否的习以为常的礼法，而是节俭与悲伤。所以祭祀重视恭敬，丧礼强调对故人的哀痛。从本质上看，"过犹不及"。奢侈固然是不可取的，但是过分地节俭也是个问题。如果一定要选择，孔子的立场是节俭比奢侈更契合礼的本质。比如说丧礼，与其熟练地完成葬礼的程序，不如怀着一颗充满悲伤的真诚的心。孔子的回答中体现出对奢侈的礼容易脱离本心的警惕。

错误的理解会把事情搞砸。对"克己"的误解正是如此。在大部分的学校和公司实施的克己训练通常都是以克服人体极限的项目为主，可谓是"蹩脚巫婆害死人"。这是由于只知道克己却不知道复礼而发生的笑话。对孔子来说，"克己"是通过礼的恢复来实现"仁"。

颜渊问仁。

子曰："克己复礼为仁。一日克己复礼，天下归仁焉。为仁由己，而由人乎哉？"

颜渊曰："请问其目。"

子曰："非礼勿视，非礼勿听，非礼勿言，非礼勿动。"

颜渊曰："回虽不敏，请事斯语矣。"（《论语·颜渊》）

只要是人，就不能脱离食欲、性欲、睡眠欲等本能欲望与成名、成功等社会欲望。可是如果想通过不正当的手段满足个人的欲望，就会损害别人的利益，甚至造成社会矛盾。为了共同体的和平，克制个人私欲的努力是相当必要的。克己的目的在于礼的恢复。这条路虽是通往仁的捷径，却并不遥远。即使只有一天能超越私欲的极限，也就能获得成员们的理解，实现共同体的和谐。在我们努力按照礼法进行视、听、言、动等一切行为之中，就有这条路的存在。

（二）身体是心灵的窗户

人们以为可以按照自己的想法自由自在地活动身体。但这是一种错觉。身体会从某一瞬间开始记住自己养成的习惯。从那一时刻起，身体将不由自主地、下意识地活动。

即使不喜欢，也是按照习惯活动。虽然下定决心不能这样生活，但是已经程序化的身体却依然是"三天打鱼，两天晒网"。真是苦不堪言。

通过身体表现出来的礼仪是做人的另一种表达方式。法国思想家安德烈·孔特·斯蓬维尔（Andre Comte-Sponville）说："礼仪并非总是宣扬热情、公正、怜悯和感谢。尽管如此，礼仪至少还是让人具备了外表。即使内心不是那样的，从外表上看起来也是那样的。"康德（Immanuel Kant）也有类似的想法。给别人看的善良的态度，对我们来说并非没有意义。即使无法尊敬对方，只要采取尊敬的态度，可能就会在某一瞬间尊敬上他。礼是从小开始通过学习和模仿养成的一种习惯。而且通过这种尊敬的态度，可能真就会尊敬对方。从这一点来看，尊敬的态度不能在习惯方面，而是要在美德方面进行考察。（《儒士》）朝鲜的儒士们经常做的"危坐"也是为了端正自己之礼。在此过程中，找到自己的真面目，回味自己的为人。

另一方面，栗谷李珥指出，作为日常生活中省察身心的方法，《礼记》"九容"和《论语》"九思"最为适合。让我们看一下栗谷在《击蒙要诀》中对"九容"补充的内容：

所谓"九容"，如下：

足容重。[不轻举也。若趋于尊长之前，不可拘此。]

手容恭。[手无慢弛，无事则当端拱，不妄动。]

目容端。[定其眼睫，视瞻当正，不可流眄邪睨。]

口容止。[非言语饮食之时，则口常不动。]

声容静。[当整摄形气，不可出哕咳等杂声。]

头容直。[当正头直身，不可倾回偏倚。]

气容肃。[当调和鼻息，不可使有声气。]

立容德。[中立不倚，俨然有德之气象。]

色容庄。[颜色整齐，无怠慢之气。]

为端正容貌而提出的九种方法—"九容"不是独立的动作，而是同时进行的动作。慎重的脚步、恭敬的手势、凝视前方的眼睛、闭拢的嘴、平静的声音、抬直的头、平稳的呼吸、稳重的姿势、凝重的表情等等，要从整体上加以注意。如果动作有诚意，自然就会显得威严。但是死板的身体动作，很容易变成走形式。朝鲜后期的"两班"阶层就是这样。大文豪朴趾源在《虎叱》中，通过老虎谴责他们伪善的行动。重要的是，外在的身体动作以及它所蕴涵的意志。这正是孔子提出的"九思"。栗谷对"九思"的解释是这样的：

视思明。[视无所蔽，则明无不见。]

听思聪。[听无所壅，则聪无不闻。]

色思温。[容色和舒，无忿厉之气。]

貌思恭。[一身仪形，无不端庄。]

言思忠。[一言之发，无不忠信。]

事思敬。[一事之作，无不敬慎。]

疑思问。[有疑于心，必就先觉审问，不知，不措。]

忿思难。[有忿必惩，以理自胜。]

见得思义。[临财必明义利之辨，合义然后取之。]

君子的九种想法—"九思"说明了包含在每一个动作中的正确姿势。清晰的认识、公平的理解、温和的心性、谦逊的态度、真实的对话、慎重的行事、切实的提问、对后患的防备、对义的追求等等。这也是以行动的方式实践学习内容的真正儒学者（真儒）们秉持的生活指南。

三、本质与形式的和谐

随着年纪的增长，人们会真切体会到礼节的珍贵之处。自古以来都说孙子是唯一一个能拔掉爷爷胡子的人。但是孙子再可爱，也不能过于冒失。所以笑话里讲，见着孙子了就高兴，但孙子走了更高兴。这就意味着家人之间也有必须要遵守的基本礼节。可是礼仪规矩不知道时没什么关系，知道得越多就越有压力。由于比较复杂，有时看起来似乎缺乏连贯性。为什么会这样？让我们从形式与内容的不协调或背离感中找到其原因。

> 子曰："质胜文则野，文胜质则史。文质彬彬，然后君子。"（《论语·雍也》）

对于礼，孔子比形式更重视本质。尽管如此，他也没有忽视为体现本质而存在的形式。他所追求的是纯真的本质与表面的文采形成和谐关系的"文质彬彬"。所谓"文质彬彬"，是指本质与外形的和谐。礼也是追求内部与外部的和谐。因此，和谐是实现礼的重要品德。

人不能够独立存在。他们希望在各种各样的关系中，点缀人生的绚丽多彩，形成圆满的人际关系。可是，形成和谐关系谈何容易？和自己的想法不同，就容易引起矛盾和争斗。因此，如果遵从多数意见能减少损失或伤害，那么即使不甘心，也会遵从它。自己安慰自己，好的就是好的。但是这种关系并不长久。

在没有利害冲突或特别事情的日常关系里，所有人都是好人。但是在需要抉择的时候，就容易暴露一个人的品格。在这个时候，平时努力具备君子品格的人，会站在整个共同体的立场上思考和行动。比起眼前的利益，他们会寻找和选择对所有人有利的道路。相反小人，如果和自己的利益没有直接关系，就会表示沉默或漠不关心。看起来很和谐，但实际上是通过无言的同意来算计个人的利害关系。这种只为自己利益着想的和谐不过是"附和雷同"。

当然从不同的角度来看，不和谐还可以说是和谐的一部分。在道德败坏的盗贼们的世界里，也有他们自己的秩序。因为有首领和部下，所以要听从命令，这样才能偷盗。否则，纪纲紊乱，小偷小摸也不容易。但是很难把它看成是真正的和谐。在不失去自己的颜色和声音的情况下，与整体融合在一起才算是和谐。由不同乐器发出不同声音而成的管弦乐，每一种乐器的声音与整体融合在一起，很有秩序。这就是和谐。相生和融合的象征—"韩式拌饭"也是和谐的典型例子。

我们通常说，夫妻是很像的。大体上是趣味相投的人相遇，成为配偶，由于长期在一起衣食住，外貌和性格就逐渐相似起来。但是夫妻之间也会产生太近或太远的问题。有时虽然很严重，但是毕竟在一起的时间长，自然会缩小距离感。所以要在不逾越对方底线的范围内，形成和谐的关系。

当然生理上的差别是不能避免的，但是因为能超越这一点，所以才把夫妻叫做人生的伴侣。这种和谐是重视关系的东方文化的一个特性。认可差别和不同才是在不丢失自己的前提下迈向和谐道路的方法。

相反，如果只坚持和谐而忽视差异，就会遇到其他问题。如果在判断是此是彼的矛盾情况下，认为和谐是好的而优柔寡断，可能就会遇到意想不到的事情。或许时间会解决问题，或者在偶然的机会别的什么替你解决问题。但这只是侥幸而已。不能因为侥幸解决了一两次，就认为永远是对的。正因为如此，孔子强调有节制的礼。不以礼为基础的无节制的行为会引起问题。

> 子曰："恭而无礼则劳，慎而无礼则葸，勇而无礼则乱，直而无礼则绞。"（《论语·泰伯》）

礼追求无过不及的"中"的和谐状态。以上四种情况是源于"过"的病痛。如果不用礼来节制，只是一味恭敬，就会在错误的事情面前低头哈腰；如果过于谨慎，就会因为恐惧而一事无成；如果以为自己有力气而骄傲自满，则易堕于无序。非但如此，直率固然好，但是如果过于直率，就会不近人情。《周易》有一句话说："苦节不可贞。"忍耐也是有限度的，如果过于忍耐，就会使自己不知不觉地变得虚伪。因此，以秩序为本质的礼，既要追求和谐，又要通过节制才能不被和谐所埋没。

第六章

贯通生与死的"礼"文化

慎终追远。(《论语·学而》)

一、希望与继承的文化

（一）冠礼，成人的开始

对于重视日常生活与现实的儒教来说，礼贯穿着人之一生。其中的冠、婚、丧、祭又是总结人生中重要时期的仪式。当今社会的成人仪式、结婚典礼、葬礼仪式、追悼仪式与传统时代的冠礼、婚礼、丧礼、祭礼并没有什么分别。成人仪式和结婚典礼是通过仪式来表示活在当下珍惜人生的决心。葬礼仪式和追悼仪式则是通过仪式来表达为死者送行的悲痛心情和对故人往事的追忆。从古到今，形式虽然变了，但是在每一个人生的重要过程之中，人们的本心却未曾变化过。

传统的冠礼是在15—20岁前后举行。男子行的是把冠戴在头上的冠礼，女子则是把簪子插在头上的笄礼。成人不仅意味着到达一定的年龄，冠礼和笄礼的意义在于让人们认识到成为一个社会成员的责任与义务，也是让人意识到应当对语言和行为负责的契机。为此，会请来生活经验丰富、知识渊博的长者作为主宾，并且虔诚地举行仪式。一旦主管礼仪的人定了下来，就会举行三次换帽子戴的"三加"之礼，换三次帽子正象征性地表现出不忘记根本、出仕则事君、事神的意图。还会赋予他们可代替名的"字"。女子也是在举行笄礼的时候获得"字"。"字"并不只是一个代替名的名称，而是自己应当完成的目标和毕生恪守的价值信念。"字"的获得，使他们更加明确了作为一个社会成员，所肩负着的社会责任，以及应当具备的德性与追求的价值。

近来是在年满20岁的那一年五月的第三个星期一举行成年仪式。这显然继承了古代冠礼的部分形式。但人们有时会认为成年仪式意味从青少年期解放出来的一天，反而忽视对个人行为的责任意识。长大了不见得就是成人。对于问何谓成人的弟子，孔子提示了所谓的成人应该是这样一种存在：

子曰："若臧武中之知，公绰之不欲，卞庄子之勇，冉求之艺，文之以礼乐，亦可以为成人矣。"曰："今之成人者，何必然？见利思义，见危授命，久要不忘平生之言，亦

可以为成人矣。"(《论语·宪问》)

　　作为完善人格的方法，孔子所提示的成人之路也是儒学的理想。这是一条能够培养出不断追求智慧、知廉耻而不陷入欲望的深渊、不屈不挠地勇往直前的实践人生与多方面才能的道路。这里还需要节制与协调的精神—礼乐。即，成人是一个具备了智慧、廉耻、勇气、才能、礼乐等所有德性的存在。

　　可是这种人却很少见。孔子退一步，提示了其次的方法。他要求人们具有见到利益就想它是否符合义、在危险情况下为坚持平时的信念而抛弃一切、为以前的承诺和平时的言行而负责的心。就是说，应该为忠实和信赖的德性而生活。这也不是容易的事情。

　　让我们在人生的重要出发点—成人仪式上勾画一个宏伟的蓝图怎么样？当然，这与塑造比起鲜花和香水味道更加浓郁的成熟自我的是同时进行的。形式虽然改变了，但是冠礼能让人认识到自己作为堂堂的一个社会成员应该具有的责任和义务，就此意义而言，冠礼时至今日依然有效。

(二) 婚礼，人伦的出发

让花样男女的相遇能够圆满持续下去的制度正是结婚。结婚的礼仪即婚礼，是确认超越"自我"，并且决定与他人共同生活的责任意识和牺牲精神的仪式。一对男女所建立起的家庭，并不仅仅意味着个人与个人相遇之后所居住的共同空间。首先要把对方当作自己来对待，给予尊重与爱护，并对其负责任。如今的结婚更注重个人与个人之间的结合与幸福。然而传统社会的婚礼更重视的是两个家族之间的社会性结合与传宗接代。男女的结合，上以事宗庙，下以继后世，此为"人伦之大事"。

男女结合之后，通过生育来建立起了父母与子女这一新的关系。有了夫妻之后，五伦中最重要的伦理关系——"父子有亲"才有可能形成。因此，作为人伦关系起点的婚礼，是儒教不能忽视的礼仪，有着严格的程序。

婚礼大致经过三个阶段。分为婚礼前的准备阶段、婚礼仪式即大礼、婚礼结束后新娘进入新郎家所举行的后礼。在这样的程序中，蕴含了希望两人能够结成伴侣的满满心意。首先通过媒人，由男方请婚，并由女方接受婚约。接着，作为缔结婚姻的标志，男方会发来写有准新郎出生年月日的生辰八字。收到用红色包裹精心包装的纳采后，新娘家定下婚期并告知男方，这一过程称为纳期。一旦确定婚期，新郎会寄来装有祈愿未来的聘礼箱。被称为纳币的这一过程至今仍保留着。"买箱子！买箱子！"这种热闹的气氛就是其痕迹。像这样的婚谈往来之后，送生辰八字的纳采，确定婚期的纳期，送聘礼的纳币等婚姻准备过程，与今天的订婚仪式前后很相似。

在正式的婚礼即大礼之前，会举行简单的仪式，即在供奉祖先的祠堂祷告，并听取父母的教训。接着，新郎到新娘家去亲自送上大雁的奠雁礼，是仪式的真正的开始。之所以使用大雁，是因为大雁多子，且在失去伴侣后就不会再找另一半了。换言之，奠雁礼是祈愿夫妻白头偕老和子孙昌盛的仪式。奠雁礼结束后，举行新郎和新娘初次见面的交拜礼。比起个人更重视两个家庭或家族间会面的婚礼进行到这时，新郎和新娘才会见面。婚礼桌摆放在中央，新郎在东侧，新娘在西侧，相对而立，按照主婚人的主持进行仪式。新人恭敬地互行跪拜大礼，喝合卺酒，再入洞房，婚礼便告一段落。这时会使用瓢，它们包含着通过婚姻将原本分为两半的一个葫芦又合二为一的意义。

最后，在新娘家举行完婚礼后，新郎会带着新娘去自己家。之后，新娘向公婆行问候的后礼。这时，新娘向公婆及婆家长辈们奉上初次见面的币礼（币帛）。向公婆及婆家长辈们奉上币礼并跪拜后，仪式结束。之后，公婆会为新娘举行盛宴予以慰劳。然后，在祠堂举行告由祭，以宣告婚姻仪式整个过程的完成。仪式的开始与结束通常都有祷告祖先的过程。

在传统婚礼的程序中，值得注意的环节是新郎为迎接新娘而去新娘家的时候，新郎的父母训诫儿子的内容。父亲对自己的儿子说："要想得到尊重，就先让自己成为模范。"这句话的意思是，成为家长并不能自然而然地得到家庭成员的尊敬，家长本人还需要具备足以做为模范的人品和行为举止。只有当男女双方都能正确地调节个人的感情与言行，直到足以得到对方的尊敬时，共享彼此人生的家庭才能够建立。这正是《大学》所说的"齐家"须以"修身"为基础。齐家可以解释为治理家庭，但它的意思并不是让家长制定严格的纪律，用其控制和指挥家庭成员。齐家指的是，当自己管理好自己的时候，家人会被他的行为所感化，决心自己也要成为行为端正的人。

如今的婚礼不仅华丽，而且筹备过程也比较繁琐。相反，仪式却很简单。结婚费用过高也是个问题。《小学》中记载着文中子说的一句话："婚娶而论财，夷虏之道也。"就是说，要注重德，而不是财物。司马光也说过类似的话："凡议婚姻，当先察其婿与妇之性行及家法何如，勿苟慕其富贵。"这些记载能保留到今天，说明无论过去还是现在，都需要尽力去摆脱财物的诱惑。

传统社会的婚礼具有这种超越善男信女之间单纯结合的意义。婚礼蕴涵着人类对祭祀祖先和子孙昌盛的美好愿望。婚礼作为通过异性的二姓的结合来连接祖先与后代的出发点，需要在各个方面采取慎重的态度。

二、追慕与恭敬的文化

（一）丧礼，对死者的哀悼

即将出席就职仪式的韩国总统的第一个正式日程就是参拜沉睡在国立显忠院里的殉国先烈。它意味着，如果没有为祖国献身的先烈们，就不会有今天的我们。对前一代人表示感谢，包含了决心继承他们殉国精神的觉悟。不仅在国内如此，在国外巡访时，他也会到该国的国家公墓去追悼前人。这是对访问国表现出的尊重与关怀。一个国家领导人所展现的追悼面貌，具有把期待他能继承前代人的精神并认真做事的所有人凝聚在一起的象征性的效果。

在所有文化圈里都可以看到的这种仪式，究竟源于何处？我们可以从孔子弟子中最稳重和诚实的曾子所说的短短一句话中找到其端倪。被认为是《大学》作者的曾子，对丧礼的慎重态度以及通过祭祀所表现的追悼意识这样说道：

曾子曰："慎终追远，民德归厚矣。"（《论语·学而》）

终是结束、完了和尽头。出生于世上的自己，默默地走着既定之路，最后所到之处即是终。在接力赛中，传递给下一位选手的接力棒，最后成为下一代的出发点。终不是结束，而是新的出发点。在东洋，比起重视联系结束与开始的始终，更多地使用"终始"的理由即在于此。儒家并非断断续续地，而是连续不断地观照生活。曾子嘱托慎重地对待人生最后的丧礼的原因亦在于此。死并不是生的断绝，死是反映了留下来的人们追忆死者，要为他们送行的悲痛心情的离别时间。所以不容许一丝一毫的疏忽大意。

正如"眼不见，心不想 [Out of sight, out of mind]"这句话，送走死者的悲痛心情，随着时间的推移会逐渐淡忘。丧礼之后是祭礼。祭祀是重温平时思念故人的心情，尤其是丧礼时悲痛心情的时间。因此，如果说丧礼是遵从死者，那么祭礼就是遵从生者；如果说丧礼是以死者为中心，那么祭礼就是以子孙后代为中心。

对丧礼来说，与其悲痛不足而礼仪有余，不如礼仪不足而悲痛有余。同样对祭礼来说，与其虔诚不足而礼仪有余，不如礼仪不足而虔诚有余。丧礼的核心是悲痛，祭礼的核心则是虔诚。孔子向提问礼之根本的林放要求不加修饰的真诚心灵也正是因为这个原因。就是说，与其在死者面前凭借自己知道的礼仪做这做那，不如为死者深痛哀悼。

曾子认为，初丧的慎重与祭祀中的追悼仪式是牵动人心的重要枢纽。竭尽全力为父母送终的表现会让人们的心里产生尊敬与信赖。所以丧礼是感动和教化多数人的重要契机。

"慎终追远"要求对父母表示孝心，要铭记和继承前代人劳苦的意志。因此，越是领导阶层，就越是应该怀着一颗感谢根本和反顾初始的心去慎终追远。这样才能使社会共同体的成员们以他为榜样，对他表示信赖，从而维持共同体的秩序与安定。这正是曾子的洞见所在。

（二）祭礼，饱含思念的生者之诚

儒教很重视祭祀。祭祀源于人们通过向上天和神灵献上祭物，以期与根源进行交流的宗教礼仪。即祭祀的目的是为了感谢和报答生命的根源［报本］，与生命的根源成为一体〔反始〕。然而不是什么神都能祭祀的。比形式更重视真诚心灵的孔子认为，为自己不该祭祀的神举行祭祀是谄媚。这是对不符合自己名分而盲目祭祀的错误行为的谴责。

弟子们对精心主持祭祀的孔子，这样描写："祭如在，祭神如神在。"(《论语·八佾》)。孔子也对祭祀这样说道：

子曰："吾不与祭，如不祭。"(《论语·八佾》)

孔子如同对待生者一般，以真诚和恭敬的心举行祭祀。他坦白地说，如果自己不能亲自参加祭祀，心里就会感到有所欠缺，这就等于是没有祭祀。这是因为只有当自己的至诚得到表现时，才会有接受它的神灵。所以对祭祀来说，恭敬之心是最重要的。

传统祭祀不是一天能完成的事情。要从举行祭祀的七天前开始不喝酒，不吃大蒜等气味强烈的食物，以示摆脱外界的诱惑。从临近祭祀的四天前开始，洗静心中的杂念，尽自己的至诚。要怀着"他们还活着"的心情，完成生者与死者之间的感情移入。回想他们过去的举止、容貌、嗜好和曾经快乐过的日子，斋戒对象自然就会走进生者的心里。

以前是在子时举行祭祀，子时就是晚上11点，目的是为了从早到晚以悲痛的心情进行歆享。有一个类似的词叫做

"爱日"，意思是说侍奉父母的时间不够。也就是说，追悼死者用24个小时是不够的。由于这种急切的心情，所以需要从一大早就开始举行祭祀。如今考虑到现代人的紧张生活，也可以在晚上早些的时间举行祭祀。

祭祀中最用心的部分是祭品的准备过程。一般来说，祭品里包括人能食用的一切食物。要特别挑选当年第一次收获的品质最好的食物，精心准备。将祭品陈设在祭桌上的时候，根据祭品颜色的不同，其位置也是不同的。比如说，红色要摆在东侧，白色要摆在西侧。这种摆放形式源于按照阴阳来统一人间秩序与宇宙秩序的传统思维。

栗谷李珥在《击蒙要诀》中指出，茶礼和祭祀的目的在于"和"与"敬"。"和"是家庭的和谐。茶礼和祭祀最优先的正是家庭的和谐，而且要重视"敬"，因为对祖先没有恭敬之心，只不过是在形式上举行的祭祀是没有意义的。就是说，茶礼和祭祀本质上都是在子孙们和睦相处的基础上，怀着恭敬祖先的心去进行的。遗失了祭祀本来目的之后，其结果还表现为"节后综合征"或家人之间的矛盾激化。

茶礼和祭祀同时具有显性功能（manifest function）和隐性功能（latent function）。如果说显性功能是在特定的场所，摆上特定的食物，全家人聚在一起，悼念祖先的祭祀这种外在的形式，那么子孙之间的"和"与"敬"就是隐性功能。举行祭祀的场所、食物的种类、祭祀的顺序等形式之所以重要，是因为隐性功能是通过显性功能发挥其正常作用的。可是如果因为这种形式而产生矛盾，并且持续下去，那么比形式更重要的"和"与"敬"这些隐性功能就很难找到了。

现代的经济、社会、文化环境与数百年前是不同的。因此要想减少后遗症和矛盾，就有必要以"和"、"敬"为中心，按照符合现实的方向，改善祭祀的形式。应该允许把四代祖和五代祖的祭祀，按照忌日合并起来进行。如果有好几个儿子，可以由长子负责忌祭，由次子和三子等人负责春节和中秋节的茶礼。法定休假日比较长的春节和中秋节的茶礼还可以在家庭旅游时，以愉快的心情进行。与食物贫乏的过去相比，在食物富足的今天传统的祭祀用食品与现实相差甚远。传统祭品是为了祭祀而准备的食品，很费工夫，需要家族中的儿媳妇和妯娌们聚在一起共同准备。但是由于学校和职场等各种原因，现实情况可能并不如意，这就加剧了矛盾的产生。食品的种类可以减少，而且不选用特定的祭祀食品，而选用父母生前喜欢吃的或者家人们可以一起享用的食品，这样才更加合理。既然摆放的食品变了，那么曾经为了按照阴阳顺序摆放而"你争我辩"的食品就自然而然地变成父母曾经喜爱的食品了。而且最近大部分的住宅都变成了公寓，祭桌也自然可以放在方便的位置上。当然为了发扬茶礼与祭祀的本质——"和"与"敬"，祭祀形式的变化也应当通过家族或亲族之间的讨论来实现，而不是某一个人的独断独行。

失去目的的祭祀繁琐而麻烦，如果被非本质的形式所束缚，祭祀就会变成累赘而辛苦的劳动。如果不强求兄弟中的某一个家庭或者特定的某一个人去承担或者奉献，而是所有人一边分享喜爱的食物，一边回忆祖先生前的音容笑貌，那么祖先就会变得不再遥远，从而与我们更加接近。这便是真正的恭敬的开始。当祭祀的本质意义得到恢复，许久未见的家人们把祭祀当做庆典来看待时，因祭祀而产生的矛盾就会消失。家人们和睦相处，所有人都以愉快的心情回忆祖先，这便是真正的祭祀的模样。

三、日常生活就是答案

公元是以耶稣诞生为起点的纪元。对于熟悉公元的现代人来说，以孔子诞生为纪元的孔纪是非常陌生的。这并不是因为和圣诞节和佛诞日一样没有被指定为法定节假日。对于今天的我们来说，儒学和孔子是那么地遥远。可是在一个世纪以前，孔子出生的公元前551年却有着特殊的意义。朝鲜时代出版的书籍会在最后一页上标记孔纪，这是一般的惯例。现在会在"释奠"这种缅怀孔子的祭祀上使用孔纪。以孔子为纪元的儒教文化圈的这种惯行，是对开启了新文明的孔子表示尊敬的表现。

"儒学"一词是从学术角度考察以孔子为中心的学派时所使用的术语，与之相对，从宗教或礼仪角度考察时则称之为"儒教"。从现代宗教多元化主义的倾向来看，儒教究竟可不可以说是一种宗教？在有关宗教的问卷调查中，回答儒教是宗教的人非常少见。孔子并没用从正面提出与宗教问题有关的死亡的问题，而是更加重视现实的生活。

> 季路问事鬼神。
> 子曰："未能事人，焉能事鬼？"
> 曰："敢问死。"
> 曰："未知生，焉知死？"（《论语·先进》）

上文是子路对祭祀的本质意义进行的提问，子路有时会因为直言不讳让老师孔子很尴尬。因为无论是谁，总有一天要面临死亡，所以围绕着死亡的问题是很切实的人生问题。我们的社会一直很关心健康生活（well being），近来对美好死亡（well dying）的关心度也在提高。人们在苦思一种方法：与其在医院里和病魔斗争，最终痛苦地死去，不如保持自己的风度和尊严，平静地死去。提前考虑死的事情，反而给人们提供了反省人生是什么，应当如何生活下去的契机。

对于生活在2500多年前的孔子来说，死亡也是一个不可避免的问题，只不过他并没有具体地说明死亡，反而是反问：连活着的人都不能服侍好，又怎能侍奉鬼神；连生都不了解，又怎能了解死。这也许会被看做是一种回避。但是孔子比起鬼神和死亡，更加强调充实的日常生活。孔子告诫人们不要在缺乏真诚与恭敬的情况下，去关心无法知晓的未知世界。

孔子还说，由于对无法了解的鬼神产生的恐惧心理而侍奉鬼神，这不是一个有智慧的人该做的事情。当樊迟问智慧是什么，孔子这样回答：

子曰："务民之义，敬鬼神而远之，可谓知矣。"（《论语·雍也》）

生活中需要"敬而远之"的对象并不只有一两个。即使是自己希望的事情，如果期望值过高，也会让自己失望或受到伤害。就像维持人与人之间的关系需要恰当的距离和界限，侍奉鬼神的事情也是同样的。为错误的信仰而孤注一掷，稍不留神就会造成家破人亡。在这种意义上，孔子认为"敬而远之"的态度是智者正确的处世之道。所有的事情都是有顺序的。不应该在侍奉无法了解的鬼神上花费功夫，而应该忠实于一个人应当过的日常生活，孔子的人生正是如此。

让我们来观察一下日常生活中的各种仪式—冠、婚、丧、祭。儒教的成人仪式"冠礼"中包含着对于未来的希望［希］。即有着作为大人重新出发并成为共同体中一员的责任与期待。"婚礼"则蕴含了超越男女结合，连接两个大家庭，并向未来发展的继承［继］的意义。因此冠礼和婚礼强调的是人生的道理。

相反，"葬礼"和"祭礼"则包含着送走死者的生者的真诚与心意。葬礼是禁不住深切的悲痛［哀］，祭礼则是竭尽恭敬［恭］。特别是祭礼中饱含着强调生与死以及日常生活的儒教的特性。通过这种贯通生与死的冠婚丧祭之礼，我们可以确认日常生活中内在的儒学价值。

第四部

智

—

沉迷于学习

第七章

寻找智慧之路

发愤忘食。(《论语·述而》)

一、沉迷于学习的孔子后裔

在《论语》中，孔子强调"好学"，甚至说道"学而不厌"。因而，我们便会好奇，怎样做才能喜欢学习而不厌倦。

作为孔子的后裔，东亚有很多关于学习的故事。首先是"悬梁刺股"，这是由"悬梁"和"刺骨"组合而成的成语。其中，"悬梁"来源于汉代孙敬的故事：

> 孙敬字文宝。好学，晨夕不休。及至眠睡疲寝，以绳系头，悬屋梁。（《汉书》）

"刺骨"来源于战国时期苏秦的故事：

> 读书欲睡，引锥自刺其股，血流至足。（《战国策》）

疲惫了便想睡觉，睡醒了身体才能承受得住。孙敬和苏秦为了节省睡觉时间努力学习的故事，影响了众多学生，使他们为了努力学习而与睡觉抗争。

另外，"囊萤映雪"的故事也非常有名，这是由"囊萤"和"映雪"组合而成的成语。所谓"萤"是"萤火"的缩略语，出自于车胤借萤火虫之光努力学习的故事：

胤恭勤不倦，博学多通，家贫不常得油，夏月以束囊，盛数十萤火以照书，以夜继日焉。(《晋书》)

"映雪"意为映着雪之光学习，来源于孙康的故事：

孙康家贫，常映雪读书。(《初学记》)

车胤和孙康克服恶劣环境而努力学习的故事对后世产生了深远的影响，"因受环境的局限而不能学习"通常被视为一种不努力学习狡辩。后学们常把书房的窗户和书桌命名为"萤窗"和"雪案"，以此激励自己努力学习。

在韩国，也有可称为"学习狂"的先贤。金得臣抒怀到"《伯夷传》读了1亿3千遍，《老子传》《格物补亡章》读了2万遍。……甲戌年（1634年）至庚戌年（1670）之间，

《庄子》《史记》《大学》《中庸》虽然也读了很多遍，但由于读的次数不足1万次，所以《读数记》中并没有记载。""亿"即是我们今天所说的10万，也就是说，他读《伯夷传》读了11万3千遍。

由此，我们可以很好地了解到当时朝鲜时代文人们喜欢阅读的书目及学习方法，从这一点来看意义重大。因此我们可以说，先贤们沉迷于学习，他们为了学习而生活。

二、被抨击的"学习的殿堂"

"今天淌出的汗水，就是明天流下的眼泪。"

您能猜到它是哪里的标语吗？据说这是张贴在某个高中教室里的班训。我们欣慰于这种深谋远虑的觉悟，但一想到还在学习战争的最前线里拼命挣扎的学生们，心里也不免五味杂陈。

早得话，从小学开始，学生们就像被戴上了眼罩的马儿一样被迫参加赛马。为了成功，他们的眼睛不能走神，只能一心向前，奔驰在高考的跑道上。每天晚上，大型高考补习学校的狭窄入口处都聚集着很多学生，就像是棒球赛结束后蜂拥而出的熙攘人群。学生们在努力提高自己的"卖点"。资本主义社会用物价衡量产品的价值，那么自然也可以用"卖点"来衡量人的价值。但问题是，原来考入大学就能拥有"卖点"的时代已经结束。现在每个人都被迫不断努力，甚至在就业之后也要持续面对职场中的残酷竞争。

或许因此，最近学习的殿堂——大学才不断受到抨击。大学教育的目标局限于学分与文凭、研究与论文，这种现象已存在很长时间。现在的大学很难做到人性化的疏导教育和共情的情感交融，只是教育学生在冷漠的人际关系中为了成功去竞争。

几年前，一个大学生宣布"自愿退学"。他抨击自己怀抱梦想考入的大学是一个既没有真理，也没有友情和正义的地方，是一所已经死去的大学。

因超过了朋友而高兴，因被朋友超越而不安，我就这样通过了所谓的"考入名校"的第一关。但是很奇怪。现在，即使我再努力鞭策自己，我的腿也没劲了，心脏也不跳动了。我停下来，看着面前这条跑道。跑道的终点到底是什么？我只看到很多要考的资格证，而它们是我通过所谓的第二道关卡——"就业"的基本前提。于是我终于明白，我奔跑的地方是一条没有尽头的跑道。（金艺瑟著，《今天我选择辍学，不，我拒绝了大学》）

Takashi Tachibana在《东大学生变成了傻瓜吗》一书中指出东京大学正在培养像茶杯一样的傻瓜。

坐在教室座位上的日本的大学生就像是一盏盏"茶杯"。教师拿起"水壶"不断将知识倒入"茶杯"中，根本无视茶杯的容量。（Takashi Tachibana著，李正焕译，《东大学生变成了傻瓜吗》）

大学应秉承对真理的热爱并肩负起道德的重任，这最终成为了书中的理想之谈。现在处处都涌起要求大学进行自我反省和批判的声音。这是因为被推到了手术台上的大学，如果不能做一场彻底去除沉疴的手术，就依然只能局限在原有的狭隘思维中，继续漠视不道德的行为，最终堕落为大批量生产有缺陷的毕业生的机构。

上文中讲到的那个为了拒绝被商品化、为了坚持自我而选择辍学的大学生的呐喊以及提出了日本大学的智力亡国论的书籍等，都留下了值得深思的课题。那就是，学习是什么？大学应该怎么做？

那么，我们为什么要学习？学习的殿堂——大学又应如何教育学生呢？

三、为了真我的学习：为己之学

只有学习才配做人！

什么时候开始学习都不晚。

以上是东西方关于学习的俗语。由此我们可知，虽然身处于不同的时空，但人人都应该学习、学无止境、终身学习的想法在东西方是一致的。

有趣的是，东方古典《论语》的开篇也是关于学习的：

学而时习之。(《论语·学而》)

甲骨文中的"学"字描摹的是孩子们在房子里双手摆布算筹的样子。这说明学习并不是盲目地寄望于像神一样地超越自然的存在，而在于发挥主观能动性，学习先辈们传承下来的智慧。

当然"学"必然伴随着"习"的过程，就像鸟儿为了飞上天空必须不断练习挥动翅膀。因此，《论语》便将"学"和"习"结合在一起，这便有了"学习"的说法。

韩国也将"学习"称为"工夫"。古代的"工"代表夯地时用的石杵。就像用杵夯地，学习学问或者技术就称为"工夫"。人之所以为人，首先必须要"学习"，或者下"工夫"。

孔子把当时人们对学习的态度分为了两种：

古之学者为己，今之学者为人。(《论语·宪问》)

"为人"并不是为了助人而学习，而是为了迎合他人的眼光或外在的标准进行学习。为了让他人看的学习会期待回报，因此其过程必然备受煎熬。为迎合既定标准的学习不过是手段化的道具。当达不到标准或着标准改变时，人就会感到疲劳，就会找不到坚持学习的意义。

"为己"并不是为了利己目标的学习，而是为了完善自我而进行的学习。先辈们创建了道学，道学是为了完善自我的学问，而"道"便是人应该走的正确的道路。道学推崇追求真理，完善自我。虚有其表、追名逐利的学习都不是君子应追求的学习。只有内心澄明且身体力行的学习才是完善自我的为己之学。

退溪也强调君子应致力于为己之学。

君子之学，为己而已。所谓为己者，……无所为而然也。如深山茂林之中，有一兰草，终日熏香而不自知其为香，正合于君子为己之义。(《退溪集·言行录》)

践行为己之学的君子就像自开自落的兰草一样，并不是为了向他人炫耀香气而故意开花，"天性"如此罢了，努力开花散发香气不过是为了提升自身的涵养。

因此，努力完善自我的君子就像兰草一样会散发香气。近墨的人散发墨香，近书的人散发书香，践行为己之学的君子则散发德香。

《孔子家语》中也用兰草高雅的姿态来比喻君子：

芝兰生于深林，不为无人而不芳。
君子修道立德，不为因穷而败节。

孔子曾被困在陈国蔡国之间，陷入七天没有饭吃的困境，弟子们对此颇有不满。孔子教育他们要像深山中独自生长的兰草一样，不要因他人的眼光和评价而悲喜，应秉承天性修道立德，努力完善自我。因此，为己之学与"真我"密不可分。

"真我"是指我的本来面貌，是我与生俱来的面貌。玫瑰花受人喜爱。满天星即使染成红色，装上花刺也无法变成玫瑰花。玫瑰就是玫瑰，满天星就是满天星，按照自己原本的模样开花才能绽放美丽。否定自己的模样，根据他人的眼光或标准来改变自己，反而会事与愿违。

苹果CEO史蒂夫·乔布斯说过这样一段话：

不要被教条所困，这样只能生活在别人的思想中。不要让别人的意见淹没你自己内心的声音。最重要的是，保持勇气，始终跟随自己的内心和直觉。

"保持自我"是指不为迎合他人眼光或社会传统观念而浪费时间，应该倾听自己心中的"直觉"，按照心之指引生活。按照我喜欢的方式去提升自我，没有任何贵贱之分，我就是独一无二的存在。

当然心中的"直觉"并不是全部正确的。有时也会出现自我的欲望或者错误的想法。因此我们必须要先做出判断，这种自发的感情是否能与他人和谐共存。

管弦乐是管乐器、弦乐器、打击乐器等多种乐器的合奏。虽然每种乐器都有自己的声音，但也会根据各种变化和其他乐器的声音来进行调整，这样才能奏出和谐的篇章，才会收到一片赞美。以真我的"不同"为前提，努力实现与其他存在和谐共处的"大我"，这才是为己之学的理想状态。

为己之学还能让人"愉悦"。

学而时习之，不亦说乎！（《论语·学而》）

为人之学不能带来愉悦，因为那不过是一种备受煎熬的过程。但是如果通过学来完善自我，那么无论结果好坏，这种学习的本身就能让人愉悦。因为这种愉悦来自直面真我，从而确定自我存在的意义中。

也就是说"学习"的结果是愉悦。

有朋自远方来，不亦乐乎！（《论语·学而》）

我对朋友的珍视和关心，与他们是否有钱有势，是否能给我带来利益毫不相干。率性而活、刚正不阿，想见面的时候自然便去拜访。彼此相见甚欢，畅意抒怀。

完善自我修养的"为己之学"是忠实于自我，努力实现与他人的和谐共处，进而直面真我、完成大我的学习。

四、立志"真"学

我的一生还剩下多长时间？40年？60年？这是根据平均寿命推测出的时间。根据最近韩国保健福祉部的报告，2030年韩国的人均平均寿命将达到81.9岁，有望成为世界最高水平的长寿国家。因为急速的经济增长极大地带动了医疗水平和营养水平的提升。最近还盛行一种"百岁时代"的说法。这么看来，20岁的青年大学生们还有80多年的时间。

但这显然是种错觉。准确的答案应该是"我不知道我什么时候会死！"虽然不至于如此悲观，但我们确实不知道会在哪里，在什么时候突然迎来死亡。平均寿命只是人口寿命的平均值，并没有考虑个别的特殊情况。有些人一出生就告别了这个世界，但也有些人得享120岁的天寿。

历史上，有的人长寿，有的人短命，但从没有过长生不死的情况。人的生命有限，这是一个毋庸置疑的事实。即便如此，我们依然错误地认为死亡距离自己还很遥远，人生还有很多时间去大杀三盘，因而白白浪费着宝贵的时间。我们必须要铭记，"生命的这一瞬间可能就是我最后的时间！"在此，我再提出一个问题，请各位认真思考：

假如患了不治之症，只剩下一周的寿命，我会做些什么？

有些学生荒诞地回答说去抢银行，然后旅行，吃所有想吃的东西，买所有想买的东西，最后结束自己的生命。有些学生则回答说想和朋友、家人或者喜欢的人在一起度过剩下的时间，迎接离别。

这些回答的共同点在于都想打破现在每天重复着的生活轨迹，彻底放飞自我，做自己想做的事情来结束一生。进入了倒计时的生命，重新唤醒了那些对被忘却了的，或是被曲解了的"珍贵东西"。

改变了人类文明的苹果的CEO史蒂夫·乔布斯得了胰腺癌，接受治疗后，他在2005年斯坦福大学毕业式中谈到自己对"死亡"的看法：

> 过去的33年来，我每天早上都照镜子问自己："如果今天是我生命中的最后一天，我愿意做我今天要做的事情吗？"当连续很多天，答案都是"不"，我知道我需要改变一些东西……我始终记得我很快就要死了，这是我最重要的工具，因为它可以帮我做出人生中的重大选择。因为几乎所有的东西——所有外在的期望、所有的骄傲、所有对尴尬或失败的恐惧——这些东西在死亡面前都会消失，只留下真正重要的东西。

直面死亡的人在他有限的生命中，会开始反思自己认为最有价值的事情是什么，并会努力去实现它。

电影《遗愿清单》讲的是两名进入生命倒计时的患者罗列在死之前想要完成的事情的清单，并一起旅行去实现愿望的故事。他们完成一件事情后就会在清单中擦掉这个愿望，他们擦掉了"笑到流泪"、"帮助陌生人"等很多愿望。这部电影可以让我们反省自身，我们是不是也迷失在了忙碌的日常生活中，不断推延自己真正想做的事情？

那么，死之前一定想做的事情是什么呢？

人人有贵于己者，弗思耳矣。(《孟子·告子上》)

盼望尊贵是每个人都有的想法，人们错误地认为经济上的富裕和政治上的权贵才是尊贵，都希望能得到他人赏赐的这种尊贵。但孟子却说晋国国卿赵孟能让一个人或一件东西尊贵，也能让他（它）卑贱。依靠他人得来的尊贵并不值得引以为荣。

面临死亡的瞬间，人的"所欲"和"所望"并不是盲目地追求肉体或者物质享受的欲望，而是对"善意"的渴望。"善意"是人与生俱来的，它让我把自己和他人看作一体，并衍生出"生生"和"时中"的感情。珍视并努力践行自己的"善意"，这样才能实现自我。

因此，先贤们都给自己写墓志铭，通过梳理自己的一生来迎接最终的死亡。茶山丁若镛在花甲之年，便编纂了《自撰墓志铭》做为对人生最后的告白。在书的最后一部分，他表达了下面的想法：

　　我六十岁了。我过去的一甲子的人生都一直有罪过。现在我想回首整理过去的日子，再重新开始我的新生。我是从今年开始才真正地一直修身实践，才开始思考上天赋予我的使命和我的本分究竟是什么。这也将是我余生的追求。

　　茶山通过六经和史书来探索修己的方法，编写《经世遗表》、《牧民心书》、《钦钦新书》这"一表二书"来探究治人的方案，他为完善自我的事业奉献出了自己的一生。茶山编纂《自撰墓志铭》，回顾自己过往的人生并阐明了死之前想要实现的愿望。他的这种坚持反省自身的态度令人拜服。

　　《论语·泰伯》中讲"鸟之将死，其鸣也哀，人之将死，其言也善"。对于鸟这种动物来说，肉体是它最宝贵的东西。生命结束的时候，因为要失去最珍贵的东西，鸟会发出悲伤的鸣叫。

　　岁月给我们留下的伤痛记忆还未远去。下面便是船上的学生们在死亡之前留给这个世界的最后的文字：

　　"爸爸，我爱你。"
　　"这段时间没好好对你，对不起。"

"告诉妈妈，我爱她。"

"妈妈，我怕是见不到你了，我爱你。"

面临死亡，"爱你"、"谢谢"、"对不起"这种催泪的离别问候，成了他们对这个世界最后的祝福。在生命的倒计时里，学生们并没有陷入执拗或悲伤，他们都展示出了天生的"善意"，而这好像也是所有人在生命尽头都想做的事情。

正如《论语》所说，人在临死时说的话都是善意的。

第八章

学习之路

学而时习之，不亦悦乎？（《论语·学而》）

一、治心之"敬"

你是否会每天反省自己的内心？当结束了一天的工作后，虽然会有精神上的空闲，但从回家的路上开始我们就一直沉浸在智能手机之中。回到家后，又忙于在媒体网络上消磨时间。当困了时，虽然可以躺下休息，但又有很多人会陷入失眠睡不着觉的困境。到底什么时候我们的心才能得到休息呢？

呼气就必定要吸气，吸气后才能再呼气。即使我们下定决心减轻心灵的负担，但问题在某个瞬间又会发生在别的地方；虽然有时我们觉得内心似乎空出来了，但却发现某个瞬间又充满了欲望。现代人的内心很混乱，既焦灼又沉重，加强内心的修养成了当务之急。

孔子说道，如果没有了以下四种弊端，心里就会很平静。

毋意，毋必，毋固，毋我。（《论语·子罕》）

"毋"并非表示禁止的"不要……"之意，而是"没有"、"无"之意，因此，这句话是说由于孔子的道德境界高，所以没有这四种心之弊端。"意"是指私心和意图，"必"是务必、一定的意思。如在事情发生之前心里产生了私心，就会产生"务必要这样"的心态。"固"是指固执、固执己见。如有所固执，就会逐渐局限在自己身上。

对过去发生过的事情的偏见或者自身对未来要发生之事的预断，就像沾满灰尘的镜子一样，会让我们看不清眼前的真实情况。

栗谷在《圣学辑要》中将这种错误的观点规定为"浮念"：

学者之用力，最难得效者，在于浮念。盖恶念虽实，苟能诚志于为善，则治之亦易。惟浮念则无事之时，倏起忽灭，有不得自由者。

正如字面意思所言，浮念就是浮想联翩的观点。就如同过去的偏见、未来的预断一样，是与现实完全无关，回荡于自己心中的无用想法。

当无用的想法扰乱头脑时，精神就会变得更混乱。此时，要意识到心已生浮念，应该渐渐打消这种念头，重新整理心情，防止浮念的再生。

为了消除这种浮念，栗谷强调"敬"的方法。"敬"意为"主一无适"，将心集中在一个地方，而不是漫不经心。

所谓敬以涵养者，亦非他术，只是寂寂不起念虑，惺惺无少昏昧而已。（《圣学辑要·修己》）

所谓"寂寂"并不是说因安静而除去所有意识的"寂灭"状态，而是像没有波浪的湖水或者一尘不染的明镜一样，不让过去的偏见或未来的错误预断等错误想法发生。只有内心平静，才能如实反映所面对的对象。所谓"惺惺"并不是与超越心灵的绝对者直接面对面，而是感受内心的本性。本性是通过呈现出来的感情自觉，即与他人构成命运共同体、符合某种情况的时中感情。因此，内心本体的气象就是从内在的纯粹自我中散发出来的明亮光芒。

整理混乱的心情，平息没用的想法，某一瞬间就能感觉到那颗能够正确地反映外部事物的明亮之心。《中庸》说道：

君子，戒慎乎其所不睹，恐惧乎其所不闻。

看不见、听不见的是存在于内心深处的本性。辨别善与恶的"监视摄像机"并非存在于内心之外，通过本来存在于心中的自觉便能使思想和行动变得小心谨慎与恐惧。

先贤们还通过书法涵养"主一无适"的"敬"工夫。金昌协曾向皇帝讲授经书，他对肃宗说，只有把心集中在一个地方才能做好学问。

写字之时，若写一点，则心贯注于这一点，若写一横，则心贯注于这一横。此所谓"主一无适"。(《肃宗实录》)

写一点、一横的时候，心也随着毛笔集中在那一瞬间，混乱的内心便会冷静下来，回归能够看清现实的本心。

另外，当时还受到佛教的影响，先贤之中普遍流行静坐，即把静坐作为在静谧中寻求本心状态的一种修养工夫。这是因为静坐修行不仅能使心在一瞬间逃到千里之外，也能使心在短暂的时间内往返于过去和未来。其目标在于涵养清明稳定的心态，并使这种清明之心如同行云流水一样自由自在。

二、忠于本心的"诚意"

我们的心永不停歇，时时刻刻在表达着我们自己的想法。当然，不仅包括对过去的偏见、对未来的预断等这种不考虑现实现、完全陷入自我世界的妄想，也包括应对事物的瞬间产生的现实想法。

未发工夫，即应对外部事物之前，先冷静下来消除错误妄想的工夫是准确反映和应对对象的基础。但在接触事物时，我们的内心经常会产生错误的想法。不喜欢闻不好的气味、喜欢看漂亮的花儿（好好色，恶恶臭）就是人们的普遍倾向，但有时也会讨厌漂亮的花，喜欢不好的气味。当这种倾向反复出现时，不好的想法反而会变得自然，好的想法反而会让人觉得尴尬。

在已发之时，即接触事物产生想法时，首先需要观察自身的想法是否正确，并坚持正确的想法，果断消除错误想法。心与外界事物感应时所产生想法即是"意"，所谓"诚意"工夫就是观察自身的想法并确保其真实性的工夫。

诚意工夫也称为"慎独"。所谓"独"是指"人所不知而己所独知之地"，并非仅指独自一人所处的空间，而是指别人看不到而自知的内心想法。在内心的想法中，善与恶得以区分开来，所谓慎独工夫就是守住心中的善。

通过慎独工夫端正思想，不仅能确保身心平和，也能使自己与周围的人和谐相处。意不诚，便会诱发不安和忧郁等，相反，意诚便可心平气和，维持身体的均衡。

人类的一切行为始于想法，善的想法可以引导正确的行动。积善成德，在《大学》中说道"德润身"，实践善心而形成的仁德可以使我们脸上的表情、说话的语气以及身体的动作更具品味，使我们变成闪闪发光之人。我曾有这样的感受，当我们站在好人的身旁时，虽然无法用语言表达，却如沐春风，心情自然变得很好。这是因为善良之心会在全身显露出来，整个身体被其高尚的气质所围绕。

作为领导，如能端正思想，保持善思，则会产生巨大的影响。在《大学》中，施行王道政治的国家正是把"善"作为国宝，而非其它。另外，《大学》还主张为了造福天下，首先要端正心态，而为了端正心态，首先要分辨出心中的想法是对还是错；强调努力诚意的重要性，政治的核心在于诚意工夫，即观察已发的瞬间之意并端正内心。

在《论语》中，被称为圣君的尧向舜传授了政治之要法：

天之历数在尔躬，允执其中。

实现大同社会的关键不在于对复杂政治理论的学习或他律性地遵守，而在于认识到万物的道理内在心中，并不断进行内心的自我省察，追寻中庸之道。《书经》中记录了舜传给禹的政治要法：

人心惟危，道心惟微，惟精惟一，允执厥中。

舜在尧所传授的"允执厥中"中又添加了12个字，强调了准确辨别善良之心，并保持内心专一这种内心修养的重要性。先贤通常把人心规定为出自形气之私，把道心规定为源于性命之正。当心接触外部事物产生想法的瞬间，丝毫不能有一点局限于个体或少数的私心。所谓道心就是先天内在于心中的本性发显，化育万物并展现出中庸之道。即使是政治领导人的一点小想法也会直接或间接地给人们带来极大的影响，因此有必要仔细观察内心，涵养道心，实践中庸之道。

不同的学者对于人心和道心之根源和主体等都有不同的规定，不能一概而论。但大部分人都认同的观点是：道心是指仁义礼智本性的善念，人心中之私念是指被饮食衣服和声色货利等形气掩盖而导致本性被遮掩的恶念。我们需要在产生想法的瞬间，观察公心和私意，守住道心，抑制人心。

退溪认为，四端和七情的根源可能存在理和气的差异，但善的感情与本性的显现有关。在心感应外物而流露出感情的瞬间，可能会出现"理发而气不随"或者"气发而理不乘"的情况，从而出现善恶之分，所以从感情流露的瞬间开始就应观察内心以存善思。

栗谷虽然认为所有善之感情皆源于仁义礼智之本性，但还主张在产生某一想法的瞬间，也会因气的影响而出现善恶之分，因此，在产生某一想法之时就应该观察内心。按照人的意志前进是出于本性发显的内心，必须加以扩充；相反，放纵马任意前进则是形气遮蔽本性的人心，必须加以遏制。

情和意的差异取决于是自然本性的发显还是人为的心之意志。在心应对外部事物而萌生意念的瞬间，应当有意识地反思所产生的念头，辨别其是善念还是恶念。人皆具有好善恶恶的本心，恶善好恶是自我欺骗的想法。必须通过诚意工夫对各种念头加以区分，诚实不自欺。

先贤们强调，在心应万物而产生想法的已发瞬间，如果想法是正确的，则不仅能使自身的身心平和，而且具有调和天下国家与天地万物的强大力量。确保本心的发显、真实无妄的"诚意"、"慎独"工夫构成了有利于我们自身以及整个世界的修身工夫的核心。

三、消除欲望的"慎独"工夫

孟子在《孟子·尽心 上》中说道：

养心，莫善于寡欲。

肉体上的欲望、物质上的欲望、处理事情之时的偏颇之心、对于超出本分之物的追求皆为私欲。去除了各种私欲，自然就会保持内在的纯善之心。

弟子问栗谷，虽然为了抑制欲望而付出了不断的努力，但欲望却会再次萌生。栗谷回答道：

譬如除草。窒不复萌者，去其根者也。窒而复萌者，以土覆之者也。以土覆者，姑似除去，而不久复萌矣。颜子之不贰，去其根者也。（《栗谷全书》卷31）

只要人的身体存在，那么肉体上的欲望、物质上欲望等错误欲望就随时可能萌生。如果置之不顾，就会深深扎根难以消除，并使我们意识不到错误所在。在其成为我们的一种习惯之前，我们应该仔细辨别它是恶念还是欲望，加以戒备，反复自我反思，将其连根拔起，予以消除。从意念萌芽的那一刻开始，就要区分善念和恶念，根除恶念，确保意念的真实无妄。

另外，针对弟子难以抑制常生好女色之欲望的苦衷，栗谷说道：

> 此也无别功夫，只是心有存主。读书则专心穷理，应事则专心践履，无事则静中涵养，常使此心无忘时，则色念自不得发。虽发亦必省觉，省觉则自退矣。不然，放心忘忽，而欲与色念厮战。虽极费力，如土压草，愈压愈生矣。(《栗谷全书》卷32)

为了遏止色欲等肉体上的欲望，虽然可以采取直接观察或者加以警戒的方式，但有时也可以采取放下对消除欲望的执念，通过常存善思于心中，以此忘记欲望的方法。

消除欲望不是一朝一夕就能实现的，而是需要不断的努力。退溪说道：

> 私者，一心之蟊贼，而万恶之根本也。自古国家治日常少，乱日常多，驯致于灭身亡国者，尽是人君不能去一私字故也。然欲去心贼拔恶根，以复乎天理之纯，不深藉学问之功不可，而其为功亦难。盖一时一事之私，勉强不行非难，

平日万事之私，克去净尽为难。虽或既已克尽，不知不觉之间，忽复萌动如初，此所以为难。是以古之圣贤，兢兢业业，如临深渊，如履薄冰，日乾夕惕，惟恐顷刻怠忽，而有堕坑落堑之患。(《退溪集》卷7)

由于私欲随时都可能会妄动，因此我们应如同踩了"虎尾春冰"一样，不要自满，时刻观察自己的内心，不断积善。

其实，择善抑恶的诚意、慎独工夫是很难实践和持续的。《大学》中说由于别人无法看到自己的内心，所以平时肆意而为，只是在见到别人时予以伪装，其实这是一种错觉。初学者为了能够持续的进行自我反思，可以假想监控设备正时刻运行并记录着自己的内心，也就是说，如果能够认为别人能够清楚地看清自己内心的话，就能够消除自欺之心。

十目所视，十手所指。

就像人们不用解剖也能看清肺和肝一样，我们也可以了解对方的内心，这是无法隐藏的。实际上，我们的内心不仅通过眼睛很好地显露出来，还可以通过脸部表情、语气、举止等显露出来。所以当发现自己产生错误的想法时，就会感到羞愧和害怕。茶山也强调"慎独"，他说道：

> 夜行山林者，不期惧而自惧，知有其虎豹也。暮行墟墓者，不期恐而自恐，知有其魅魑也。君子处暗室之中，战战栗栗，不敢为恶，知有其上帝临女也。不信降临者，必无以慎其独也。(《中庸自箴》)

有人虽然做了欺骗别人的行为，但表面上却装作清白无辜，这是因为他不相信作为道德根源的上帝的显现。上帝作为道德情感的本源，并非是超越现象而存在的，而是通过每个人好善恶恶的道德嗜好显现出来的，因此，无论别人是否看得到，都应该恐惧上帝的显现，即随时监视自身的错误想法，保持内心的清白，努力做到慎独工夫。

先贤们在接触外界事物的瞬间，就对产生的想法进行善和恶的区分，并且为了择善去恶而重视慎独工夫，这样的生活态度让我们倍感钦佩。

先贤们强调，当内心接触对象事物而产生某种想法时，即已发的瞬间，如果想法是正确的，则不仅可以使自身的身心平和，而且在很大程度上具有协调天下国家和天地万物的强大力量。忠于本心，真实无妄的"慎独"工夫构成了有利于自我和世界的修身工夫的核心。

四、培养思考的力量 ——"格物致知"

如《大学》中所言"好好色，恶恶臭"，人皆好善恶恶。这也就意味着，人的本心中明确具有区分善与恶的标准。如果连区分善与恶的明确标准都没有，就很难区何为好色，何为恶臭。

当然，大部分人都不难知道对与错的标准。这是因为我们先天具有分辨对与错的"是非之心"。但很多情况下，我们常常无法判断善与恶的标准，并且不知如何做是好。这就意味着我们需要通过加强修养工夫明确对与错的标准。

要实现诚意工夫，需要致知工夫。只要明确了前进的方向，即使暂时迷了路，也可以重新朝着目标前进，因此，只有首先进行明确善恶标准的"致知"工夫，才能进行诚意工夫。

此外，《大学》又说道"致知在格物"，指出"致知"工夫取决于"格物"。也就是说，为了实现诚意，为了明确善恶的标准，首先需要格物。

"格物"的第一个意思是"即物"，"格"与具有"达到"之意的"至"具有相同的意思，要探索事物的道理，我们的思考首先必须停留在事物上。我们的思考并非是在观念中进行的，如果思考停留在特定的时间和空间，就会沦为与现实无关的任意想法。只有我们感受到自己的思考在接触外部事物时所不断发生的变化，我们的心才能与外部事物产生实质性的感应。只有这样，我们思考的视野才能更加开阔，才能以完全不同于固有观念的方式把握事物。

"格物"工夫也类似于努力"观察"的工夫。我们有必要准确、真实地认识内心所不断感应的对象，例如观察天气，首先要抛开自己的观念或天气预报等有色眼镜，用自己的眼睛和五官来确认天气的变化。

外部事物在现实世界中具有延续性，所以，如果能够不断仔细分析和观察太阳和月亮的周期、云的特性、风的方向、空气的湿度、动植物的反应等，就可以预测明天的天气。如果我们的预想是正确的，那么通过观察的思考就是正确的；相反，如果出现了与预想不同的结果，那么，思考过程中就出现了错误。

"格物"的第二个意思是接近事物并探索其道理，即"穷理"。花潭徐敬德与朴渊瀑布、黄真伊并称"松都三绝"，其中，花潭在年轻的时候通过科举考试成为了生员，但他很快放弃了之前的学习，在花潭建起了草房，致力于道理的探索并领悟到了天下之道理，并因此而闻名。

《文集》中有关于他小时候趣闻的记录。由于家里很穷，每当春荒期，父母亲就会让花潭到田埂上采野菜。但他每次都回来的很晚，且筐子装不满，父母觉得奇怪，就问他原因，花潭说道：

当采蔬时，有鸟飞飞。今日去地一寸，明日去地二寸，又明日去地三寸，渐次向上而飞，某观此鸟所为，窃思其理而不能得。是以，每致迟归，蔬亦不盈筐也。(《花潭集》)

后来，文人们推测那只鸟是云雀。当春天地气上升，云雀会随着气的变化而飞得有高有低。由此，我们可以推测出花潭是如何专注于格物穷理工夫上的。

18岁的花潭在读到《大学》"致知格物"一句时慨叹道："学习不先穷究事物，读书有什么用！"把天地万物的名字都写在墙上，每天探究其道理。要想知天理，就把"天"字贴在墙上探究，明白了这个道理后，又贴上别的字进行探究。有时甚至沉浸在道理探索中，静静地坐着，睁着眼睛熬上好几天。据说，他曾不分炎热和寒冷、不分夜晚和白天静静坐在一个房间里努力地探究，最终悟透了事物的道理。

当抛弃偏见和预断，靠近事物本身探讨其道理时，仓促、盲目得出的结论会妨碍我们的思考。退溪说道：

> 穷理多端，不可拘一法。……所穷之事，或值盘错肯綮，非力索可通，或吾性偶闇于此，难强以烛破。且当置此一事，别就他事上穷得，如是穷来穷去，积累深熟，自然心地渐明，义理之实，渐着目前，时复拈起向之穷不得底，细意紬绎，与已穷得底道理，参验照勘，不知不觉地，并前未穷底，一时相发悟解。(《退溪集》卷14《答李叔献》)

栗谷说道：

> 于穷格之际，或有一思而便得者，或有精思而方悟者，或有苦思而未彻者。……或苦思之久，终未融释，心虑窒塞纷乱，则须是一切埽去，使胸中空无一物。然后却举起精思，犹未透得，则且置此事，别穷他事，穷来穷去，渐致心明，则前日之未透者，忽有自悟之时矣。(《栗谷全书》卷20《圣学辑要》)

如果尽力了还不能习得道理，就需要暂时放下，先考虑其它事情。这是因为接触事物，准确地观察客观事实并探讨道理，其结果与内在于心中的本性的显现有关。格物穷理工夫最终通过本性的直观显现自然达到"致知"的状态。

　　"格物"分为靠近事物的"即物"、准确探究事物道理的"穷理"、内在于心中的本性显现并将固有的道理转变为知识的"致知"三个阶段。因此，"格物"工夫不仅可以探索事物的道理，确立知识的标准，还可以培养思考的力量。思考的正确姿势不是在自己的任意概念中认识事物，而是保持事物与自己的一致，如实地反映事物并不断探究内在于变化之中的道理。如此，事物和我就实现了合一，世界就可以在我的心中得到重新创造。

人性嘉言

—

100句

学而时习之，不亦说乎。

《论语·学而》

Isn't it a delight to learn and practice what you have learned.

人有鸡犬放，则知求之；有放心，而不知求。
学问之道无他，求其放心而已矣。

《孟子·告子》

When people lose their chickens or dogs, they know to search for them. But when they lose their mind, they do not know to seek it. The way of learning is none other than a search for the lost mind.

人能弘道，非道弘人。

《论语·卫灵公》

It is humans that broaden the Way. It is not the Way that broadens humans.

学而不思则罔，思而不学则殆。

《论语·为政》

If you learn but do not reflect, you will be lost. If you reflect but do not learn, you will get into trouble.

温故而知新，可以为师矣。

《论语·为政》

If you review what you learned and come to know new things, you deserve to become a teacher.

知之者，不如好之者。
好之者，不如喻之者。

《论语·雍也》

Knowing it is not as good as liking it; liking it is not as good as enjoying it.

古之学者为己，今之学者为人。

《论语·宪问》

In the past, people learned for themselves; nowadays people learn to impress others.

大学之道，在明明德，在亲民，在止于至善。

《大学》经1章

The way of great learning lies in lightening one's bright virtues, in renewing the people, and in staying in ultimate goodness.

09

博学之，审问之，慎思之，明辨之，笃行之。

《中庸》20章

You should learn it broadly, inquire it thoroughly, ponder it deeply, discern it clearly, and practice it sincerely.

10

人一能之己百之，人十能之己千之。

《中庸》20章

If others make it in one try, I should try one hundred times. If others make it in ten tries, I should try one thousand times.

爱之，能勿劳乎？忠焉，能勿诲乎？

《论语·宪问》

If you cherish them, can you not strive for them? If you are loyal to them, can you not educate them?

不曰"如之何如之何"者，吾末如之何也已矣。

《论语·卫灵公》

If someone does not have a question of "What shall I do? What shall I do?" I have nothing to do for him.

有教无类。

《论语·卫灵公》

In teaching, I make no classifications which might discriminate people.

心不在焉，视而不见，听而不闻，食而不知其味。

《大学》传7章

When your mind is elsewhere, you can not see what you are looking at, you can not hear what you are listening to, and you can not know the taste of the food you eat.

恻隐之心，仁之端也；羞恶之心，义之端也；辞让之心，礼之端也；是非之心，智之端也。

《孟子·公孙丑》

The sense of concern for others is the seed of benevolence; the sense of shame is the seed of righteousness; the sense of deference is the seed of propriety and the sense of right and wrong is the seed of wisdom.

天将降大任于是人也，必先苦其心志，劳其筋骨，饿其体肤，空乏其身，行拂乱其所为，所以动心忍性，曾益其所不能。

《孟子·告子》

When Heaven is about to assign a big task to someone, it first tortures his mind, labors his body, makes him starve, impoverishes him, obstructs his every plan. All of these challenges are means to inspire his mind, reinforce his endurance, and actualize his potential.

17

吾日三省吾身：为人谋而不忠乎？与朋友交而不信乎？传不习乎？

《论语·学而》

Each day I reflect on myself threefold: in planning for others, have I been disloyal? In befriending others, have I been untrustworthy? Have I not practiced what I had learned?

18

过犹不及。

《论语 · 先进》

Too much is as bad as too little.

19

冉求曰："非不说子之道，力不足也。"子曰："力不足者，中道而废。今女画。"

《论语 · 雍也》

A disciple asked, "It is not that I do not enjoy your teachings, but my ability is not enough." Confucius replied, "People with insufficient ability tend to give up halfway. You are now limiting yourself without trying it."

20

躬自厚而薄责于人，则远怨矣。

《论语 · 卫灵公》

If you admonish yourself strictly and show tolerance to others, then you might not hear complaints from others.

过而不改，是谓过矣。

《论语·卫灵公》

It would be a real mistake if you make a mistake and do not fix it.

人之患，在好为人师。

《孟子·离娄》

It is a common mistake to love to act like a teacher.

苟日新，日日新，又日新。

《大学》传2章

If you really wish to be anew every day, you should renew yourself on a daily basis.

24

言顾行，行顾言。

《中庸》13章

Your words and actions should be in accord.

25

道也者，不可须臾离也，可离非道也。

《中庸》1章

The Way should not be separated from reality even for a moment.
What can be separated from the real world is not the Way.

26

父母唯其疾之忧。

《论语·为政》

Parents are always concernd about the health of their children.

27

今之孝者，是谓能养。至于犬马，皆能有养。不敬，何以别乎？

《论语·为政》

Nowadays, someone who nourishes his parents is called a filial son. However, even dogs and horses are well fed. Without respect for parents, what is the difference in taking care of parents compared to animals?

28

父母之年，不可不知也。一则以喜，一则以惧。

《论语·里仁》

You should remember the ages of your parents. Their presence is a reason for your joy, and their old ages are a reason for your worries.

29

叶公语孔子曰："吾党有直躬者，其父攘羊，而子证
之。"孔子曰："吾党之直者异于是。父为子隐，子为
父隐，直在其中矣。"

《论语·子路》

The Duke of She said, "One upright man in my town testified
against his father who stole sheep." "Upright men in my town
behave differently. Fathers conceal the faults of their sons,
and sons conceal the faults of their fathers. I believe this is
uprightness." responded Confucius.

父子之间不责善。责善则离，离则不祥莫大焉。

《孟子·离娄》

Parents and children should not rebuke each other for misdoings.
Rebuking each other will lead to an emotional gap. There is
nothing worse than emotional gaps between family members.

31

其为人也孝弟，而好犯上者，鲜矣。

《论语·学而》

It is rare that someone who is filial and courteous likes to defy elders.

32

孝弟也者，其为仁之本与！

《论语·学而》

Filial piety and courtesy are the basic virtues of benevolence.

33

悦亲有道，反身不诚，不悦于亲矣。

《孟子·离娄》

One of the practical ways to please parents is to be sincere in all circumstances.

34

生，事之以礼；死，葬之以礼，祭之以礼。

《论语·为政》

Filial conduct includes serving parents with propriety, holding funerals for parents with propriety, and doing worship ceremonies for deceased parents with ritual propriety.

己所不欲，勿施于人。

《论语·卫灵公》

Do not do to others what you would not desire.

众恶之，必察焉；众好之，必察焉。

《论语·卫灵公》

You should check out everything whether everyone likes it or not.

爱人者，人恒爱之。敬人者，人恒敬之。

《孟子·离娄》

People love someone who loves others. People respect someone who respects others.

贫而无怨难，富而无骄易。

《论语·宪问》

It is rare for the poor not to be complaintful. It is easy for the rich not to be arrogant.

以直报怨，以德报德。

《论语·宪问》

You should repay resentment with uprightness. You should return kindness with kindness.

40

生于忧患，而死于安喻也。

《孟子·告子》

We might survive tough situations, but we tend to perish in comfortable situations.

41

志于道，据于德，依于仁，游于艺。

《论语·述而》

(To be a good person,) you should keep the Way in mind, abide by moral virtues, rely on benevolence, and enjoy various arts.

42

心诚求之，虽不中，不远矣。未有学养子而后嫁者
也。

《大学》传9章

If you are sincerely longing for the Way, the Way will get closer
to you. For instance, there will be no big faults in raising your
children if you crave for a good upbringing of your children,
though you have not learned how to raise them before marriage.

知者不惑，仁者不忧，勇者不惧。

《论语·子罕》

The wise are not confused, the benevolent are not anxious, and
the brave are not scared.

44

自暴者，不可与有言也。自弃者，不可与有为也。

《孟子·离娄》

You'd better not talk with those who harm themselves. You'd better not work with those who discard themselves.

45

人无远虑，必有近忧。

《论语·卫灵公》

If you are not far-sighted and have no long-term plans, you might be obsessed with impending worries.

46

君子周而不比，小人比而不周。

《论语·为政》

A noble man is all-embracing and not partial. A petty man is partial and not all-embracing.

47

君子和而不同，小人同而不和。

《论语·子路》

A noble man acts in harmony with others, but does not seek the same as others. A petty man seeks the same as others, but does not act in harmony with others.

48

君子喻于义，小人喻于利。

《论语·里仁》

A noble man is inclined to righteous things, and a petty man is inclined to profitable things.

49

君子求诸己，小人求诸人。

《论语·卫灵公》

A noble man seeks the Way in himself. A petty man seeks the Way in others.

从其大体为大人，从其小体为小人。

《孟子·告子》

Someone who follows high moral principles becomes a noble man. Someone who pursues material gains becomes a petty man.

君子泰而不骄，小人骄而不泰。

《论语·子路》

A noble man is at easy with self-confidence but not arrogant. A petty man is arrogant but not at easy with self-confidence.

质胜文则野，文胜质则史。文质彬彬，然后君子。

《论语·雍也》

If you just cherish moral virtues and overlook outer looks, you might be unsophisticated. If you just cherish outer looks and overlook moral virtues, you might be pretentious. If only you balance your virtues and looks, you deserve to be called a noble man.

君子有诸己而后求诸人，无诸己而后非诸人。所藏乎身不恕，而能喻诸人者，未之有也。

《大学》传9章

A noble man asks others to be moral only after he is moral, and asks others not to be evil only after he is not evil. There is none who can edify others without understanding them.

仁者以财发身，不仁者以身发财。

《大学》传10章

A noble man shares his wealth to cultivate himself. A petty man exploits himself to increase his wealth.

人之所以异于禽兽者几希。庶民去之，君子存之。

《孟子·离娄》

There is no big gap between humans and nonhuman animals. Most people ignore human virtues and behave like animals, while a noble man keeps it in mind.

修己以安人。

《论语·宪问》

A noble man cultivates his moral virtues and harnesses them to pacify others.

所欲有甚于生者，所恶有甚于死者。非独贤者有是心也，人皆有之，贤者能勿丧耳。

《孟子·告子》

People crave for somethings more than life and to detest somethings more than death. All people have those inner drives as well as the worthy. The difference between the common people and the worthy is that the latter do not lose the inner drives.

民为贵，社稷次之，君为轻。

《孟子·尽心》

The common people are the most important, the state are the next, and the ruler is the least in importance.

不患寡而患不均，不患贫而患不安。

《论语·季氏》

The ruler should be concerned about a fair distribution of wealth rather than the total amount of it, and the welfare of the people rather than the poverty of them.

道之以政，齐之以刑，民免而无耻。道之以德，齐之以礼，有耻且格。

《论语·为政》

If the ruler governs the people by law and punishment, the people would just attempt to avoid them without shame. If the ruler governs the people by moral virtues and propriety, the people would feel shame and get closer to goodness.

行一不义，杀一不辜，而得天下，皆不为也。

《孟子·公孙丑》

Even if I could own the world by doing one unjust action and sacrificing one innocent man, I would not do that.

春秋无义战。彼善于此，则有之矣。

《孟子·尽心》

There is no righteous war. Some war might be more justified than others.

以不教民战，是谓弃之。

《论语·子路》

To dispatch untrained people to battlegrounds, this is to desert them.

64

以不忍人之心，行不忍人之政，治天下可运之掌上。

《孟子·公孙丑》

If you maintain the loving heart that you cannot stand the suffering of others in politics, you might be able to govern the world with great ease.

65

听讼，吾犹人也，必也使无讼乎?

《论语·颜渊》

I do not differ from others in dealing with lawsuits. Nevertheless, I do my best not to have lawsuits.

66

有恒产者有恒心，无恒产者无恒心。

《孟子·滕文公》

Those who have constant material supplies usually have a constant mind. Those who lack constant material supplies usually have no constant mind.

67

天时不如地利，地利不如人和。

《孟子·公孙丑》

Seasonal timings are less important than geographical advantages, and geographical advantages are less important than the harmony of the people.

邦有道，贫且贱焉，耻也。邦无道，富且贵焉，耻也。

《论语·泰伯》

In a just society, you should be ashamed of your poverty and low social rank. In a unjust society, you should be ashamed of your wealth and high social rank.

君君，臣臣，父父，子子。

《论语·颜渊》

The ruler should behave like a ruler, ministers should behave like a minister, parents should behave like a parent, and children should behave like a child.

养生丧死无憾，王道之始也。

《孟子·梁惠王》

To make the people live a good life and have funerals without regret, this is the starting point of good governance.

贼仁者谓之贼，贼义者谓之残。残贼之人谓之一夫。

《孟子·梁惠王》

A ruler who harms moral virtues such as benevolence and righteousness is none other than a robber. An immoral ruler is no longer a leader, but just a petty man.

仁远乎哉？我欲仁，斯仁至矣。

《论语·述而》

Is benevolence far from me? If I intend to be benevolent, benevolence comes from my nature immediately.

志士仁人，无求生以害仁，有杀身以成仁。

《论语·卫灵公》

Far-sighted officials and the benevolent do not harm benevolence to save themselves. Rather they sacrifice themselves to complete benevolence.

德不孤，必有邻。

《论语·里仁》

Virtuous men are not lonely. They are sure to have good neighbors.

巧言令色，鲜矣仁。

《论语·学而》

Those who are good at embellishing their words and facial expressions are rarely benevolent.

惟仁者，能好人，能恶人。

《论语·里仁》

Only the benevolent are able to truly like and dislike others.

夫仁者，已欲立而立人，已欲达而达人。

《论语·雍也》

A benevolent person helps others solidify their position if he wishes to solidify his own position. He also helps others be successful if he wishes to be successful.

78

仁者必有勇，勇者不必有仁。

《论语·宪问》

The benevolent are sure to be brave, while the brave are not sure to be benevolent.

79

仁者先难而后获。

《论语·雍也》

The benevolent are proactive about difficulties and do not prioritize rewards.

80

鸟之将死，其鸣也哀。人之将死，其言也善。

《论语·泰伯》

When a bird is about to die, its songs sound pitiful. When a person is about to pass away, his words are benign.

81

朝闻道，夕死可矣。

《论语·里仁》

If I grasp the Way in the morning, it would be okay for me to die that night.

82

士不可以不弘毅，任重而道远。

《论语·泰伯》

Officials should be open-minded and resolute, since their duties are heavy and their paths are long.

83

王何必曰利，亦有仁义而已矣。

《孟子·梁惠王》

How come you just talk about profit? You'd better focus on benevolence and righteousness.

仁，人之安宅也。义，人之正路也。

《孟子·离娄》

Benevolence is the safe dwelling of humans. Righteousness is the right path of humans.

见利思义。

《论语·宪问》

If you have a chance to make profit, you'd better see whether the profit is legitimate or not.

君子有勇而无义，为乱。小人有勇而无义，为盗。

《论语·阳货》

If a noble man is brave without righteousness, he would create disorder. If a petty man is brave without righteousness, he would become a bandit.

君子之于天下也，无适也，无莫也。义之与比。

《论语·里仁》

A noble man has no absolute yes or no in facing worldly affairs. He sticks to righteousness.

克己复礼为仁。一日克己复礼，天下归仁焉。

《论语·颜渊》

To overcome ourselves and return to propriety is the way to practice benevolence. If we can overcome ourselves and return to propriety just for one day, the world will come back to benevolence.

言悖而出者，亦悖而入。货悖而入者，亦悖而出。

《大学》传10章

If you say improper words, you will get improper words from others.

If you gain profit improperly, you will lose profit improperly.

子入大庙，每事问，或曰："孰谓邹人之子知礼乎？
入大庙，每事问。"子闻之曰："是礼也。"

《论语·八佾》

When Confucius performed rituals in the royal shrine, he asked about everything.
Someone said, "Who said Confucius knows rituals? He keeps asking about everything." Confucius heard it and said, "This is the very nature of ritual."

非礼勿视，非礼勿听，非礼勿言，非礼勿动。

《论语·颜渊》

Do not see what is improper; do not listen what is improper; do not say what is improper; do not do what is improper.

知及之，仁能守之。动之不以礼，未善也。

《论语·卫灵公》

Though one's wisdom can reach others, one's benevolence can protect others, and one can treat others with solemnness, if one can not motivate others with propriety, one's moral virtues are not yet good enough.

子贡曰："贫而无谄，富而无骄，何如？"子曰："可也。未若贫而乐，富而好礼者也。"

《论语·学而》

A disciple asked, "What if one is poor and not flattering, or rich and not arrogant?" Confucius replied, "That's fine, but it is not better than the case that one is poor and joyful, or rich and enjoys proper conduct."

不患人之不己知，患不知人也。

《论语·宪问》

Do not worry that others are ignorant of you, but worry that you are ignorant of others.

知之为知之，不知为不知，是知也。

《论语·为政》

You should say "I know" when you know it, and say "I don't know" when you do not know it. This is the right attitude about knowledge.

人人有贵于己者，弗思耳。

《孟子·告子》

Each one has noble virtues within oneself, but most people do not notice it.

可与言而不与之言，失人。不可与言而与之言，失
言。知者不失人，亦不失言。

《论语·卫灵公》

If you do not share your words with someone who deserves it,
you would lose the person. If you share your words with someone
who does not deserve it, you would lose your words. The wise do
not lose others as well as words.

物有本末，事有终始。知所先后，则近道矣。

《大学》经1章

Things consist of fundamentals and peripherals. Affairs have
starting and finishing points. If you know which has priority, you
are close to the Way.

或生而知之，或学而知之，或困而知之。及其知之，一也。

《中庸》20章

Some know it from birth. Some know it from learning it. Some know it with difficulties. Once they come to know it, all are the same.

100

不知命，无以为君子也。不知礼，无以立也。不知言，无以知人也。

《论语·尧曰》

If you do not understand the Mandate of Heaven, you cannot become a noble man.
If you do not understand propriety, you cannot become morally upright. If you do not understand the words of others, you cannot understand others.